視知覺 專注力遊戲

暢銷增訂版

57 個不插電紙上遊戲
讓孩子更專心、更自律、更自信

OFun遊戲教育團隊

柯冠伶．陳怡潔．陳姿羽 ●合著

循著腳印
就能找到
寶寶囉！

新手父母

親子一起動動眼，玩出專注力及情緒力！

文／周文君　高雄長庚紀念醫院精神部主任・兒童心智科主治醫師

遊戲是孩子發展上非常重要的能力，也是孩子與這個世界互動、學習的方式。藉由遊戲以及故事的情節讓孩子一同身歷其境發揮想像力，也更能提高參與的動機以及學習的效果。

有品質的陪伴孩子遊戲十分重要，每天有 15 至 30 分鐘的不插電親子專注力遊戲時光更能增進彼此之間的關係，書中作者們也有提供家長們引導的方式，一樣的活動藉由不同的指令以及協助，也能調整難度。

視知覺是孩子在學齡前需具備的重要能力，也是日常生活中時時刻刻需要的技巧。書中將視知覺技巧分為五大能力：視覺搜尋、形狀區辨、視覺空間、視覺記憶、視動整合，配合發展歷程一步一步帶領著孩子參與練習，最後的綜合挑戰中，也能讓孩子整合在這過程中訓練到的能力加以運用。

在遊戲的過程中，常常會遇到挫折或是困難，也容易因遊戲多次的失敗而放棄，家長若是在這過程中，適當的引導以及鼓勵，更能增加孩子們的問題解決能力以及挫折忍受度。

每種遊戲以及活動都可以有難易的分級，在書中，作者們用心地將每一個視知覺技巧進行難易的分級，讓孩子從簡入深，先建立起可以完成的自信心，面對後續的挑戰也更能夠勇敢的嘗試。

陪伴孩子並引導孩子一起進入遊戲中，在適時協助以及鼓勵下，一起完成各種挑戰，除了能提供專注力的訓練外，更能增進親子的關係以及孩子面對挑戰時的情緒穩定度！這些有趣的活動以及遊戲，相當適合每天的親子時光，寓教於樂。

透過遊戲訓練、學習視知覺

文／陳宜男　星願樹職能治療所負責人．著有《視覺專注力遊戲在家輕鬆玩》1～5冊

職能治療師相當關注視知覺和其對於活動表現的貢獻，當視知覺問題影響到兒童的學業表現時，職能治療師經常會提供相關評估與訓練活動來促進兒童的學習。

自 2006 年開始，我和劉奇鑫職能治療師（現任職於彰化基督教醫院職能治療組長）於彰化基督教醫院創立台灣第一個視知覺與專注力的系統化訓練團體，也展開了實習學生的視知覺活動設計教學工作坊（多媒體遊戲、紙本遊戲、桌遊活動設計與實務）來傳承。

除了臨床工作外，我們相當重視臨床研究與著作，過去幾年鑽研於視知覺相關的研究，相關成果也於 2013 年刊登於 SSCI 的國際期刊上（The effectiveness of multimedia visual perceptual training groups for the preschool children with developmental delay），在論文中驗證了視知覺是可訓練、學習的，並會因發展、經驗累積和練習等因素影響而有所增進。

透過訓練可以讓兒童具有視知覺的相關經驗，這些經驗可以讓他們更容易去預測、想像、分析與判斷物品的視覺特徵，增加學習的效益。

2010 年 10 月，我們與新手父母出版合作第一本針對知覺與專注力的書籍《視覺專注力遊戲在家輕鬆玩》爾後陸續也出版了五冊相關書籍。現在很開心看到有學弟妹們繼續貫徹、推廣「視知覺」的理念，並跟隨我們的腳步繼續與新手父母出版合作，繼續讓培養孩子視知覺的觀念發揚光大，期待能夠帶給更多家庭實質上的幫助。

生活專注力遊戲，提升孩子學習動機

文 / 謝玉蓮 繪星心理治療所所長・臨床心理師

　　臨床工作中陪伴注意力困難的孩子也二十餘年了，深深感受孩子們在生活中、學習上的辛苦，他們的困難不是僅出現在寫功課拖拖拉拉、考試成績像雲霄飛車，而是因為這些困難影響到自信、對自我的低評價，畢竟，可能「努力」也沒有成效，慢慢的學習動機低落，反而讓他們成為注意力的逃兵。

　　當打開這本書時實在驚艷！翻開一頁頁的教案，都是貼近孩子生活經驗的遊戲，大大增加孩子參與練習的動機，並且在簡單的視知覺辨識遊戲中，可以發現作者群為了培養孩子學習用手指點圖、注意細節的代償方式，來協助自己做有規則性的視覺搜尋，增加注意力篩選的品質及速度；並考量孩子遊戲動機由簡入繁的安排，讓孩子在不知不覺中付出注意力而投入練習中，而注意力篩選的能力就培養起來了。

　　但，只有遊戲真的不夠，只有書中的紙本練習，那又怎麼能讓孩子克服生活中的困難呢？是的！作者群深知需要將所培養的注意力能力類化在生活中，因此也書寫許多居家注意力活動，讓孩子們在逛街買東西、生活自理摺衣／找襪、旅行整理行李等等中，落實生活就是遊戲場、生活處處注意力的核心概念。

　　孩子的天生能力就是玩，好玩，就是訓練孩子注意力的入口。誠摯地推薦給愛玩、也需要訓練注意力的孩子。就讓愛玩的你，在一次次的玩中培養有注意力，也找回自信。

自序 1

故事＋挑戰＋陪伴＝最棒的居家活動

文／柯冠伶　職能治療師

　　不知不覺第一版視知覺遊戲書也出版快要五年了！在這之中也很感謝許多家長與孩子們的回饋，也陪伴大家度過疫情嚴峻的時期。透過故事的引導讓孩子們融入情境，在遊戲的過程中一點一滴的進步，希望未來也能繼續腦力激盪更多的遊戲，讓孩子對於紙筆活動的印象改觀，跳脫功課制式化激發更多內在動機！

教案遊戲化

　　紙本的教案對於孩子來說很容易變成作業進而容易排斥練習，因此把一張紙加上故事、加上一點挑戰，最後再加上一點成就感，讓孩子更容易覺得好玩，提升主動性當然也提升了練習效果。「從孩子喜歡的事物發想」更能打動孩子想要遊戲的動機，因此每次的治療我都會問問孩子喜歡什麼、想要玩什麼進而去連結治療目標。

賦能給家庭

　　在長庚工作的這段時間中，一直謹記著周主任給予我們的核心觀念「賦能給照顧者」，在治療過程中希望家長也是參與其中的，無論是治療的目標或是帶領孩子的方法、教養技巧等都能透過一起參與的方式讓家長與我們一起討論。紙本教案也是一個方式，一樣的描寫或是查找練習，對於不同的孩子治療師給予的指令以及協助量也是不同的。透過給予紙本教案的方式，讓家長與孩子在休閒的時光中可以一起完成一件事情，家長們也可透過書中提供的居家活動建議或是引導方式陪伴孩子，並找到最適合孩子的引導方式。

陪伴讓效果加成

　　1+1>2 在陪伴孩子中亦是如此。在忙碌的工作以及課業中孩子仍會希望有一段時間家長能夠陪伴他們遊戲，因此，設計居家遊戲及教案的初衷便是希望每個家庭都能夠有「不插電時間」，把 3C 放下來與孩子們單純的遊戲。在使用本書練習的過程中，每個教案大約需要 15 ～ 20 分鐘的時間，家長們可以與孩子進入遊戲故事中，觀察孩子們哪些地方會遇到困難，又是如何解決這些困難，過程中可以更加了解孩子。孩子也可因為父母的陪伴提高動機，更加專注提高效果。

　　最後感謝提供機會的老師以及一起完成的所有夥伴，也感謝在這過程給予建議的朋友、家人們，不厭其煩的一直被我當成諮詢的對象，當然還有在執業過程中陪伴過我的孩子們，你們的回饋以及笑容都是我的養分以及動力。

親子共遊、親子同樂，你會發現孩子不一樣了！

文 / 陳怡潔　職能治療師

　　哇！第一本視知覺遊戲也出版五年啦！！中間歷經疫情的打擾，讓孩子損失好多戶外活動的機會，但很感動的，家長們給的回饋：「有這本可以在家陪著孩子一起玩的遊戲書，除了可以好玩以外，也可以讓孩子動腦挑戰、不中斷學習，也減少了一部分看電視、玩 3C 產品的時間。」這就是我們職能治療師最推崇的親子共玩！！

　　多年的臨床經驗及和家長間的溝通及討論，發現到由於現代忙碌的社會，常常忽略了對孩子「陪伴」的重要性，也常常當學校老師通知孩子有狀況，或觀察到與別的孩子不同時才發現問題。其實只要每天多一點有溫度的陪伴和觀察，就會發現孩子慢慢不一樣了！

　　玩，對孩子來說，是每天都必須做的事呀！這是何等的重要！在玩的過程中，孩子將會得到很多的經驗累積。可是，如果沒有人陪伴及共同創造，當孩子玩不出東西來時，可能就會聽到一些狀況了，例如：「我的小孩為什麼每樣玩具都玩不久？」、「為什麼他常常覺得玩具很無聊？」其實這些外在表現出來的問題，有時候並沒有那麼嚴重，只要透過「玩」，再加上爸爸媽媽「陪伴引導」、「適當的變化」，不只孩子能夠玩得更好，獲得動作能力及認知能力外，家長也可以和孩子一起同樂，並從中觀察到孩子的進步及孩子的能力不只侷限在此。

　　所以在本書中，我們巧妙的利用故事性的軸線，讓孩子覺得有趣，並提供一些技巧讓爸爸媽媽變化玩法及引導如何觀察孩子能力，讓我們一起陪著孩子玩，一起同樂吧！

　　這本書能夠完成，要感謝的人太多太多！當我提到想要出書分享教案就立刻執行的夥伴、和我一起努力完成這本書的冠伶和姿羽、一路陪伴我成長進步的孩子們、家長們、同事們和長官們，沒有你們的建議和協助，我就不會有機會學習到及呈現出如此豐富及有品質的經驗分享！謝謝你們！

了解與陪伴，是幫助孩子的不二法則

文 / 陳姿羽　兒童職能治療師

　　這是與夥伴們第一本給孩子的遊戲書，從第一版現在有機會再版，真心感謝家長與老師們的支持以及孩子們的喜愛，同時也感謝出版社一直以來給予的信賴與支持，希望透過遊戲書中有趣的故事性讓孩子遠離數位 3C、增加親子的互動性，從了解與陪伴中激發出孩子無限的潛能。

孩子只是不專心？！

　　很多家長帶孩子來做評估都是因為「不專心」，但評估過後單純只是注意力問題的卻是少之又少，這代表「不專心」常只是孩子表現出來的警訊，提醒我們去發掘孩子真正的問題，有可能是認知理解上的問題？肌肉力量不足、肌張力偏低導致姿勢維持困難？感覺統合不成熟導致孩子一直在逃避或尋求感覺刺激？其中有一項很容易被忽略的便是「視知覺能力」。「不專心的孩子」或多或少都有視知覺的問題，當孩子連處理基本的視覺資訊都要花上好大一番功夫，也就不難理解孩子會分心逃避需要處理大量視覺資訊的活動，像是閱讀、寫功課等。

好的引導讓學習成效加倍

　　許多市售現成的紙本教材綜合了太多能力，題目沒有依照孩子發展循序漸進，促使我開始替有需求的孩子量身設計。此外，引導的方式也很重要，過程中常常能夠發現孩子新的問題，也能發掘孩子在學習上的強項及弱項。爸媽不妨從檢核表開始檢視，依據結果初步瞭解孩子的問題，並藉由有趣的主題故事來引導孩子參與。過程中盡量給予足夠的思考反應時間，並依能力調整協助量，即使發現錯誤也不要直接指出來，可以提醒孩子「再想想看」或是哪個部分「再看清楚」，才能讓錯誤發揮學習價值，同時培養主動發掘問題的能力。只要孩子努力嘗試，不論對或錯，都別忘了給他大大的讚美唷！

不容忽視的生活經驗

　　視知覺能力不單只能靠紙本活動來訓練，日常生活的經驗也是重要關鍵，例如：在一堆襪子中找到兩兩配對的襪子、在一堆玩具中找到想玩的機器人、將物品分門別類收納好、能穿對左右腳的鞋子、把鞋子放進自己座號的鞋櫃等都是視知覺能力的應用，如果這些都幫孩子做完了，那麼就會缺乏許多能夠練習的機會，也可能養成孩子被動依賴的心態。多一份耐心、多一份理解，在協助孩子的路上我們繼續一起加油吧！

目錄

綜合挑戰 ❶
綜合全面視知覺能力，小試身手

綜合挑戰 ❷
綜合全面視知覺能力，小試身手

綜合挑戰 ❸
綜合全面視知覺能力，小試身手

動動眼、玩玩看，居家活動建議
居家練習好處多　休息在家不無聊

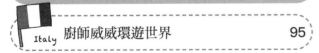

視知覺 QA 自我檢核表 （學齡前）
您對孩子的視知覺發展了解多少呢？

3~6 歲
學齡前
孩子適用

快跟著治療師的腳步一起檢視看看，孩子若有出現類似情形，請在該項目中打勾 v。

Q 難以區辨類似的形狀或圖案，很多細節無法注意到。例如：經常配對錯誤類似色系的襪子、常常拿錯類似的水壺等。

☐ 孩子難以辨識物體的特徵，並將特徵連結記憶而進一步分類。對細節之覺察和區辨不佳以至於可能會逃避配對類型的活動或是表現出粗心大意，有這樣的情形很可能是視覺區辨能力未成熟 P. 80 ～ P.81。

Q 當物品被遮蔽部分，就沒辦法成功辨認出來。

☐ 孩子難以辨識被部分遮蔽或是部分缺漏的物體，在生活上可能常常找不到被棉被、衣物蓋住的東西，對拼圖不在行或不感興趣，這樣的情形很可能是視覺完形能力未成熟 P. 80 ～ P.81。

Q 辨認數字有困難，容易把類似的數字混淆或是寫出鏡像字。例如：6 和 9、12 唸成 21。

☐ 孩子容易寫出左右、上下顛倒字或是常把二位數解讀相反，很有可能是在方向的辨識上出了狀況，若是只有在寫的階段出現顛倒字也可能是因爲孩子的視覺記憶能力不佳，導致無法在腦中提取出字型並手寫出來。視覺空間能力 P.94、視覺記憶 P.106。

Q 點數數量時，常會重複計算到已經計算過的物件。

☐ 孩子唱數 (能從 1 數到 10) 與點數 (能數出目標物件的數量) 的能力可能會不同，唱數穩定的孩子不代表能穩定點數或拿取數量，很大的原因來自點數及拿數量需要穩定的視覺記憶能力，否則會出現忘記數到哪裡而多數或少數的狀況。視覺記憶能力未成熟 P.106 ～ P.107。

Q 即使物品就在眼前，孩子也無法迅速將其從一堆物品中挑出來。

☐ 孩子常常找不到東西，尤其在雜亂背景中 (凌亂的抽屜、衣櫃、桌面等等)，東西明明就在眼前卻怎麼找也找不到，這樣的情形很可能是主題背景區辨能力未成熟 P. 80 ～ P.81。

Q 要把珠子穿過線或將貼紙貼在指定的框內有困難或速度很慢。

☐ 將眼睛所看到的目標引導手去操作並且能精準的控制以完成活動，孩子若無法整合好眼睛的刺激和手部動作的輸出，則可能在有目標或界線範圍的活動上表現不佳，例如：串珠、貼貼紙、著色、運筆仿畫等。視覺動作整合能力未成熟 P.120 ～ P.121。

Q 丟接球常投不準、接不到或跨進有深度的水池裡、下階梯時無法預測高度而易跌倒。

☐ 若孩子常投籃投不準、丟垃圾至垃圾桶要嘗試好幾次、上下有高度的臺階動作需放慢或是容易踩空等等很可能是因為孩子無法掌握物體與自身的距離，有這樣的情形很可能視覺空間──深度知覺、 視覺動作整合能力未成熟 P. 94、P.120。

職能治療師說明 1
什麼是視知覺

視知覺 QA 自我檢核表 學齡

您對孩子的視知覺發展了解多少呢？

6~8 歲
學齡
孩子適用

快跟著治療師的腳步一起檢視看看，孩子若有出現類似情形，請在該項目中打勾 v。

Q 總是逃避視覺性的任務或是工作，或是做一下下就需要休息才能再繼續。

☐ 孩子逃避視覺性任務常常被視為注意力不佳、挫折忍受度不佳或是不聽話，然而應需考慮是否有視覺接收或視知覺相關的問題，而使孩子在處理視覺資訊上格外容易疲勞。

Q 上小學了，還是常有數字或是注音符號寫顛倒的問題。

☐ 孩子剛開始學符號時容易在具特定方向的字上出現顛倒的情形，例如：3、6、ㄩ、ㄇ等，若是在 8 歲後仍出現這樣的狀況，則需到醫療院所做進一步的評估。有鏡像字的狀況可能是視覺空間能力未成熟 P.94 ～ P.95。

Q 會重讀或漏讀一行文字，閱讀或書寫中常有跳行的現象。

☐ 孩子在閱讀時容易出現跳行或漏字的情形，和眼球動作有關，若追視能力不佳會導致無法平順流暢的閱讀。在書寫上有缺漏或填錯格情形則可能是視覺搜尋及視動整合能力未成熟 P.66、P.120。

Q 寫文字容易添加、省略筆畫或細節。例如：陽的「昜」中間少一橫、「已」忘了突出而寫成「己」。

☐ 孩子在書寫文字會有多或少筆畫的現象，可能因為視覺記憶不佳，回想並提取出字型有困難，也可能是因為視覺區辨不佳以至於無法區辨出細微的差別。視覺區辨及視覺記憶未成熟 P.80、P.106。

Q 寫字歪斜，字型大小不一、字與字之間的間隔不一或是常常超出線或框外。

☐ 寫字歪斜源自於字體內部件之空間結構掌握不佳，字與字間隔、大小不一，常超出框外或線外則和空間關係與視動整合相關，無法有效掌握方向與距離並輸出動作做精準的書寫。視覺空間、視動整合能力未成熟 P.94、P.120。

Q 抄寫聯絡簿或筆記需要花很長的時間，過程中還常有遺漏的情形。

☐ 抄寫速度與視覺序列記憶相關，若孩子此能力不佳，寫一個字需要抬頭一次確認與記憶，則會造成抄寫速度慢，也容易有缺漏的情形。視覺記憶能力未成熟 P.106 ～ P.107。

Q 對於相似的文字常常會有混淆的情形。例如：天和夫、犬和太、ㄅ和ㄋ

☐ 對於字型的細節無法區辨和比對會造成孩子在相似的文字中有混淆的情形。可以將相似的字型和孩子一起整理、列出來討論異同，並嘗試造詞來加深孩子對文字的印象與應用。視覺區辨能力未成熟 P.80 ～ P.81。

Q 在有距離的對應上，無法定位正在閱讀或書寫的位置，常需要手指或工具來輔助才能完成抄寫。

☐ 孩子在有距離的對應上 (抄寫筆記、抄寫聯絡簿等)，無法有效定位正在閱讀或書寫的位置，速度很慢且多有缺漏，而需要手指或是工具來輔助，可能是孩子眼球追視及視動整合能力不佳 P.120 ～ P.121。

視知覺理論

　　視覺是孩子在發展過程中，非常重要且不可缺少的感官之一。從出生開始，眼睛對光線就會有反應，隨著年齡發展，寶寶的視線可以跟著東西移動、會去注意到鮮豔顏色、發出聲光效果的玩具，進而眼睛看到東西會慢慢建立物品的立體感。在成長的過程中，無論是粗大動作、精細動作、日常生活、校園學習，視覺都扮演著很重要的角色！

　　視覺的發展除了一般常聽到的視野、視力以外，還有一個與各類發展與學習息息相關的「視知覺」！視知覺對於玩拼圖、形狀配對、圖形辨識、閱讀、書寫、剪紙、完成數學題目、找櫃子裡的東西……等，這些日常生活、學習、遊戲都佔了很重要的角色！

視覺 V.S. 視知覺

　　視力是將收到的訊息經由視神經傳達到大腦過程，是眼睛察覺到了物體和光線的程度，包括了眼睛構造是否發育良好、眼球動作及傳導路徑是否有缺陷，這些約會在 6 歲前發展完成。

　　視知覺是更進一步將傳入大腦的訊息進行處理和辨識，最終做出適當反應，包括：這東西是什麼、有沒有意義、大腦怎麼做解釋，屬於較高層次的視覺認知能力。

　　視覺與視知覺的發展是息息相關並隨著年齡慢慢進步。視知覺有別於一般談論到的感覺能力，有著更複雜的大腦機制處理過程，良好的視知覺能力除了要有視覺能力做為基礎外，在日常生活中給予符合發展年紀的活動或遊戲練習，才能發展出好的能力及品質。

視覺發展（年紀相對能力）

視覺發展	視覺能力
胎兒時期	·約懷孕 33 週時，在肚子裡的寶寶對於光的反應最明顯
新生兒～2個月	·剛出生時，只能看到模糊的影像，對「光」的反應會將大，當光線太強，寶寶會出現轉頭避開的動作 ·注視範圍約 20～30 公分，處於零星的注視和追視階段
3個月	·眼睛的移動變得較靈活，會隨著物品移動，注視的動作也變得較明確
4～5個月	·約有 0.1 的視力 ·會注意看手，能辨識熟悉的臉孔，可以用眼睛來探索新環境 ·開始喜歡鮮豔的顏色 ·可以伸手摸到眼睛看到的東西、凝視靠近眼睛的東西
6個月	·約有 0.2 的視力 ·目光的移動較協調、靈活，對東西的外型稍可辨別 ·看東西有深度，開始有立體感的建立
10個月～1歲	·細小物品感興趣，角膜大小約達成人的 95%，約擁有 0.2～0.3 的視力 ·觀察人臉表情並試圖模仿，深度知覺慢慢變好，可用眼睛來監控身體在空間中的移動
2～3歲	·眼球直徑達成人的 95%，視力發展達 0.6，手眼協調能力也逐漸穩定發展中 ·可以依靠視覺來探索物體、模仿動作、視覺記憶內容增多，能配對形狀、顏色
5～6歲	·視力正常發展的孩子，與此時達到標準視力 1.0 ·可以用眼睛來判斷大小、形狀之差異，更精準的著色、使用工具

淺談視知覺（Visual perception）

　　視知覺的發展大約 6 到 12 歲爲黃金期，根據美國學者 Mary Warren 所提出的視知覺發展歷程是有階層性的，而這些能力的發展都是會互相影響的。

包含：

❶ 眼球動作控制、視野、視力。
❷ 視覺注意力（警醒度＋專注力）。
❸ 視覺搜尋。
❹ 視覺登錄。
❺ 視覺記憶。
❻ 視覺認知。
❼ 視覺調適能力。

　　而這些能力的發展都是會互相影響的。

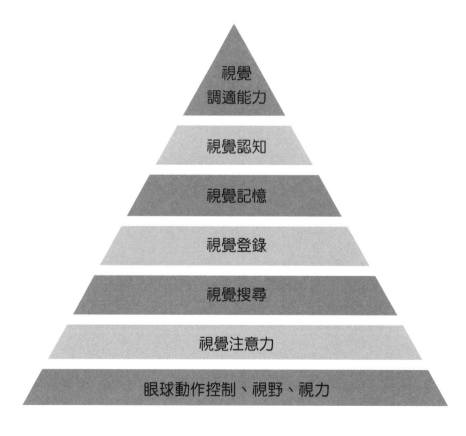

視知覺能力的組成要素

　　包含了視覺注意力、視覺記憶、視覺區辨（形狀知覺：形狀恆常、視覺完形、主題背景。空間知覺：空間位置、深度知覺、空間定向感）、視覺形象化。

❶ **視覺注意力**：能專注在重要的視覺訊息及忽略其他背景訊息的能力及持續度、必須妥善分配或應用注意力在兩件以上事物。

❷ **視覺記憶**：立刻記著眼睛所看到的東西或物品，可以把現在看到的事物和以前的視覺經驗做比較，並加以分類、整合，再儲存於腦內，包含短期和長期的視覺記憶。例如：一開始指著貓咪跟小朋友說這是貓，小朋友看到貓有四隻腳的特徵，日後看到四隻腳的都說是貓咪。直到記憶累積越多，分類越細，就能更進一步發展出辨識各種不同東西了。

❸ **視覺區辨**：能區分兩個或兩個以上在形狀、顏色、大小、質地、粗細、位置……等的相似或不同之處。例如：兩張圖中找出不同處、從過去經驗知道不是只有貓有四隻腳，還有狗、大象、老虎都是，可以分辨牠們的異同。

❹ **形狀恆常**：無論物品或圖案變大、變小、旋轉或稍微變形都可以辨認出是什麼東西。例如：當三角形的積木盒中，有分成大塊三角形、小塊三角形、等腰三角形、直角三角形這幾種時，孩子還是可以辨認出它們都是三角形。

❺ **視覺完形**：當圖片或物品被擋住一部分，還是可以認出是什麼東西。例如：當車子圖片被白紙擋住一邊時，還是可以看出是車子。

❻ **主題背景**：從一堆顏色、形狀、材質類似的圖片或物品中，找到想要的目標。例如：從一堆形狀板中，找到三角形；從一堆的衣物中，找到紅色的裙子。

❼ **視覺空間關係**：了解物品在環境中上下左右位置、深淺度及相對位置的關連性。

❽ **視覺形象化**：能不用看到實際物品，就想像出具體的樣子。例如：媽媽說，「畫一台車子」，聽到指令後想像車子的樣子，並畫出車子的樣子；或「聽寫」的能力也是視覺形象化的表現。

視知覺能力不佳的影響

　　容易被不相關的視覺刺激吸引、無法維持長時間的視覺活動、玩積木及建構性遊戲有困難、圖形配對辨認能力差、容易出現鏡像字或顛倒字、閱讀容易跳行漏字、抄寫黑板上的筆記有問題、數理空間概念不佳等狀況；且常有爸爸媽媽反應，孩子積木疊不穩、常接不到球、排斥書寫或書寫品質不佳，這也牽涉到了視覺——動作整合能力。因為畫畫、書寫、抄寫需要有良好的視知覺能力外，並要配合良好的手部動作才能將字工整的寫下來。

　　普遍來說，視知覺能力不佳的狀況，通常要到孩子開始進到書寫的階段時才會被發現。但我們希望更早就開始專注孩子在視知覺上的發展，下列舉了幾種狀況，可能就是在視知覺發展上有疑慮：

❶ 做過視力檢查，確認沒問題，但還是常漏看很多東西。
❷ 明明東西就在眼前，卻常找不到。
❸ 很多需要眼睛跟手或身體一起的動作，一直學不會。
❹ 只看自己想看的，其他都裝作沒看到或分心；上課東看西看，很少看黑板或看老師正在說什麼做什麼。
❺ 對於畫圖及跟上簡單閱讀有困難；寫字時，會跳行漏字、會漏掉／多寫筆畫、出現鏡像字或顛倒字。
❻ 常不知道老師黑板寫到哪個位置或自己已經抄寫到哪個部分。

本書使用方式

根據本書的小遊戲設計方式，我們將以上所探討的要素分成五大類：視覺搜尋、形狀知覺、空間知覺、視覺記憶及視覺——動作整合能力。

因視覺注意力會出現在任何與視覺有關的活動上，因此當孩子在執行本書的小遊戲時，爸爸媽媽可以同時間觀察孩子是否能專心完成或只能專心多久。同時也將這五類能力以雷達圖方式呈現，更清楚地表示各種小遊戲所需的能力有哪些。

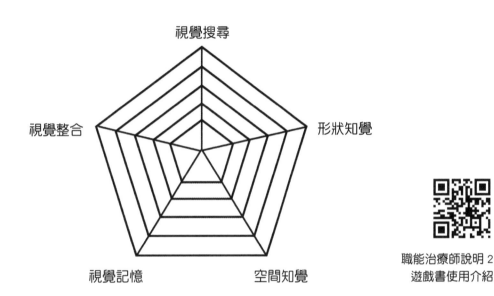

職能治療師說明 2
遊戲書使用介紹

也利用了「鉛筆圖」的提示，來讓家長了解下列各單元所適合的年齡範圍，同時在部分單元中也會有「溫馨小提示」讓家長知道該如何引導、簡化或增加單元的難度！

適合 3～4 歲的孩子

4 歲以上的孩子在理解規則後可以獨立完成。

適合 5～6 歲的孩子

5 歲以上的孩子在理解規則後可以獨立完成。
5 歲以下的孩子可能需要些許的幫助或是將活動分次完成。

適合 7 歲以上的孩子

7 歲以下的孩子可能需要些微的幫助或是將活動分次完成，中班以下的孩子可能需要較多的引導。

綜合挑戰 ①

綜合全面視知覺能力，小試身手

若無法馬上完成別擔心，讓我們從後面的分項單元開始吧！之後別忘記回來繼續挑戰呦！

職能治療師說明 3
如何引導孩子

遊戲方法以及難度分級

在接下來的綜合挑戰中，每一項的活動都會結合不同的視知覺能力以及技巧，孩子在活動的過程中需要自己努力的想辦法，可能會花比之前還要多的時間。家長在綜合挑戰的單元中可以減少引導以及提示的次數，讓孩子可以花更多時間自己去試試看，自動自發的想辦法才可以真正的達到整合的目的。

若孩子在活動中感到較為困難時，我們可以試試以下幾個辦法：

❶ 拆解活動

不用一次把一個回合寫完，每個活動可分次完成，重點是讓孩子在過程中想辦法。

❷ 想想之前怎麼辦？

家長可以提示孩子在前面的單元中有練習過什麼技巧，是不是很像呢？讓孩子應用看看前面單元的技巧。

❸ 背景簡單化

可以把還沒寫到的部分用一張白紙遮起來，縮小活動範圍，讓干擾孩子的因素降低。

適合 3 ～ 4 歲的孩子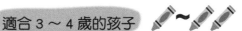

4 歲以上的孩子在理解規則後可以獨立完成。

適合 5 ～ 6 歲的孩子

5 歲以上的孩子在理解規則後可以獨立完成。
5 歲以下的孩子可能需要些微的幫助或是將活動分次完成。

適合 7 歲以上的孩子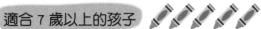

7 歲以下的孩子可能需要些微的幫助或是將活動分次完成，中班以下的孩子可能需要較多的引導。

仙杜瑞拉

　　很久很久以前……有一個城堡住著一位父親和一位仙杜瑞拉，仙杜瑞拉的母親在她很小的時候就生病過世了！仙杜瑞拉的父親為了讓女兒可以有母親的疼愛，於是父親再娶了一位妻子成為仙杜瑞拉的繼母，不幸的是，仙杜瑞拉的父親在出差時因為過度勞累生病過世了。

　　從此之後仙杜瑞拉要負責一切的家務，有一天從皇宮寄來一封邀請函，王子要舉辦一個盛大的生日舞會並在舞會中選出一位妃子。但是仙杜瑞拉整天忙著做家事沒有適合的衣服，繼母以及姐姐們也反對她參加。小朋友可不可以幫助仙杜瑞拉克服困難參加舞會呢？

第一站：小老鼠搜索隊 ✏️✏️

王國的王子發出邀請函邀請全國所有的女孩來參加派對，但是辛苦的仙杜瑞拉整天都忙著打掃沒有時間製作新衣服，小老鼠們想要幫助仙杜瑞拉改造一件禮服，請小朋友幫忙在閣樓裡找到上方方格中所有縫製衣服需要的工具以及材料，並用彩色筆塗上顏色作記號。

題目一

視覺注意力雷達圖分析

在本單元主要為整合視覺搜尋以及形狀知覺的能力，練習時需要發展出自己的搜尋策略，若以雜亂無章的搜尋方式則容易漏掉，另外也需要背景主題以及視覺完形的整合運用，讓孩子可以在圖片中找尋自己需要的目標物。

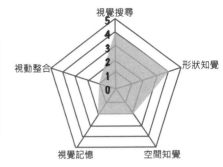

題目二

第二站：禮服裁縫師

整理好工具之後，老鼠裁縫師要來幫仙杜瑞拉大改造衣服囉！但是一件禮服對於小老鼠來說真的是件大工程，為了讓仙杜瑞拉可以準時拿到禮服，請小朋友找出需要修改的地方，對照左頁上方所需要的工具並把工具圈起來。

題目區

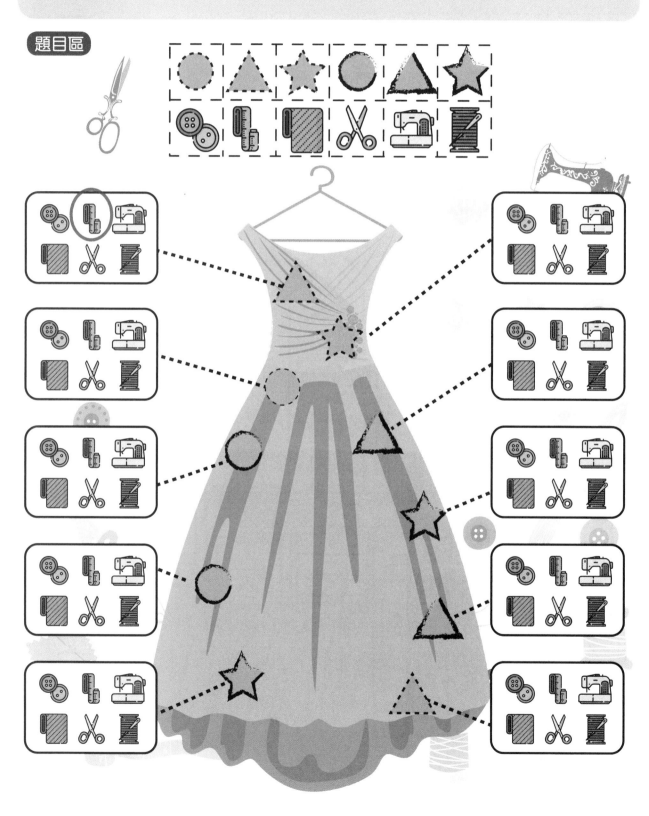

視覺注意力雷達圖分析

本單元中主要是訓練查找的能力，查找的過程中除了搜尋能力外，也需要較高的視覺記憶能力以及注意力持續度，也需要小朋友動動腦才能讓自己在過程中不會忘記目前要查找的圖形等等。

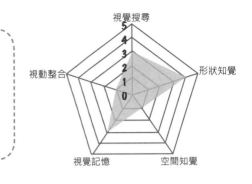

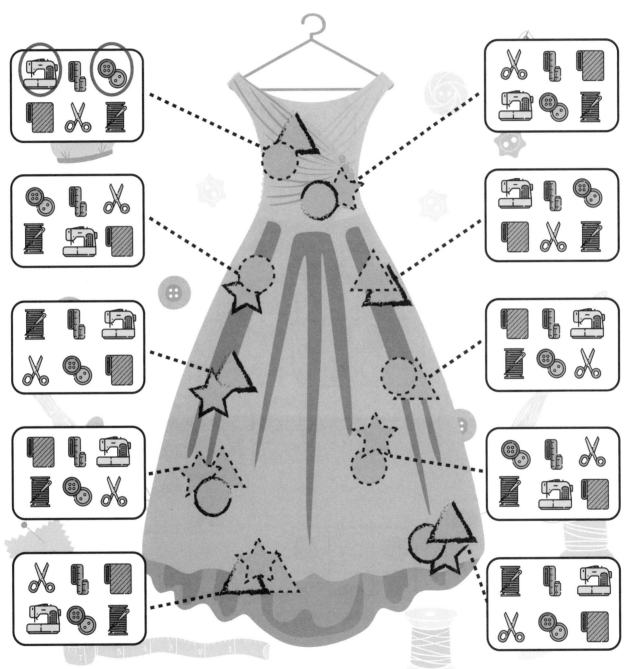

第三站：神仙教母的咒語 ✏✏✏

宴會就要開始了，時間快要來不及了！沒有馬車以及馬伕是沒有辦法趕到城堡的，在仙杜瑞拉不知所措的時候神仙教母出現了！在分秒必爭的現在我們需要幫助神仙教母從厚厚的魔法書中找到需要的咒語。請小朋友從左頁的咒語書中找到對應的咒語，在右頁空白的咒語卡上畫上位置、形狀相同的咒語。

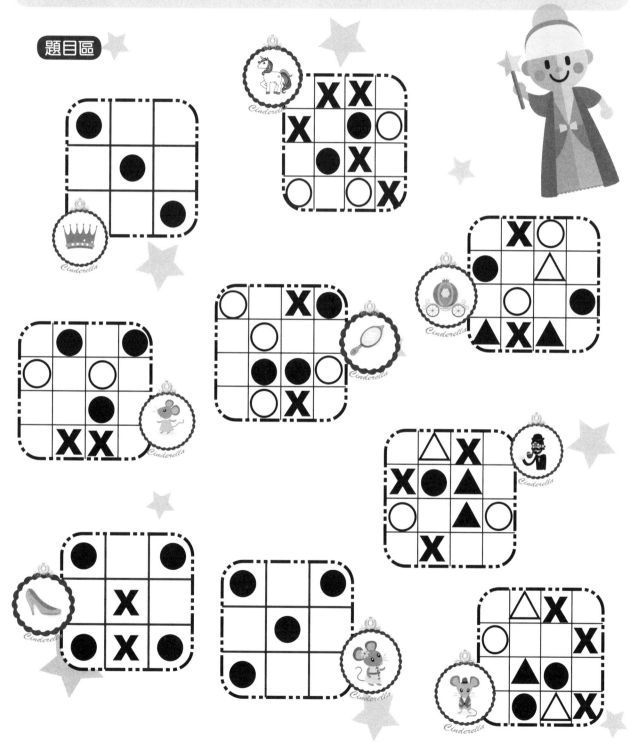

視覺注意力雷達圖分析

本單元中需要同時整合視覺搜尋、形狀知覺以及空間知覺，同時在對應上需要在題目區以及答題區一直來回對應，如同孩子在上課時需要抬頭看前面又要回來看課本一樣，需要良好的注意力轉移技巧才不會忘記自己做到哪裡。

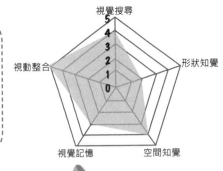

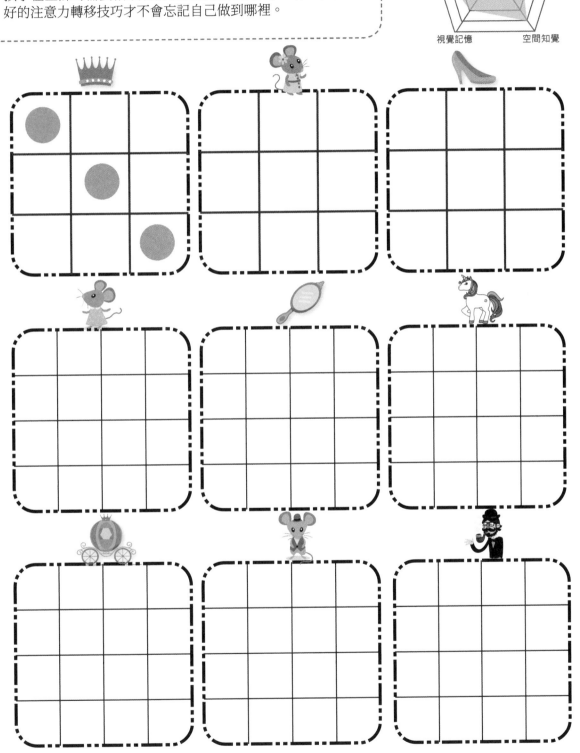

第四站：森林迷航 🖍🖍

十二點的鐘聲開始響起，仙杜瑞拉必須在魔法消失之前回到家裡，但是夜晚的森林實在太複雜，每隻小動物說的方向又都不一樣。請小朋友幫助仙杜瑞拉找到回家的路。依照每隻動物箭頭的方向，依序從第一排往下找到指定的地標圈起來在繼續往下一排找到第二個指定地標以此類推，最後將路線連起來看看哪條路線可以回到家，並將答對的動物圈起來做上記號。（需跨頁進行）

題目區

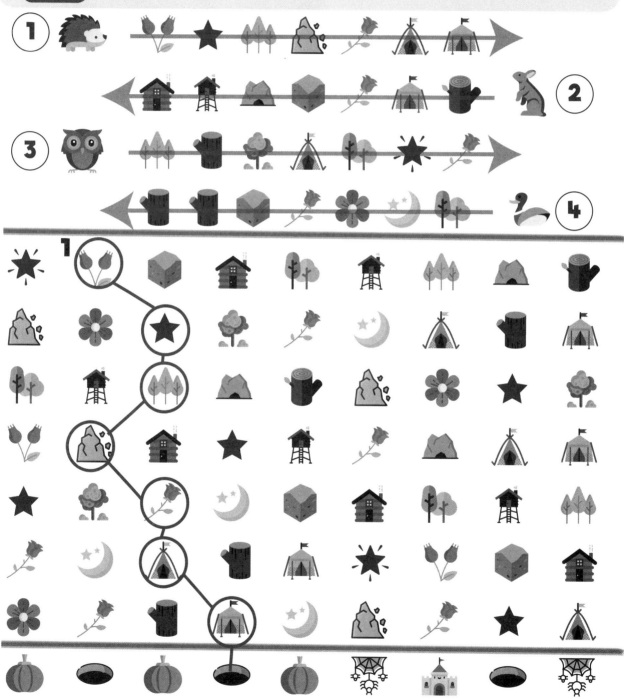

28

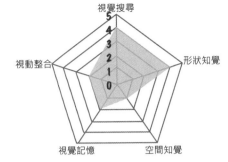

視覺注意力雷達圖分析

森林迷航單元中主要是整合視覺搜尋以及形狀知覺的能力，需要發展出自己的策略在查找過程中可以更爲快速有效率，同時也需要觀察區辨每一個圖形不同之處以免失誤。

題目區

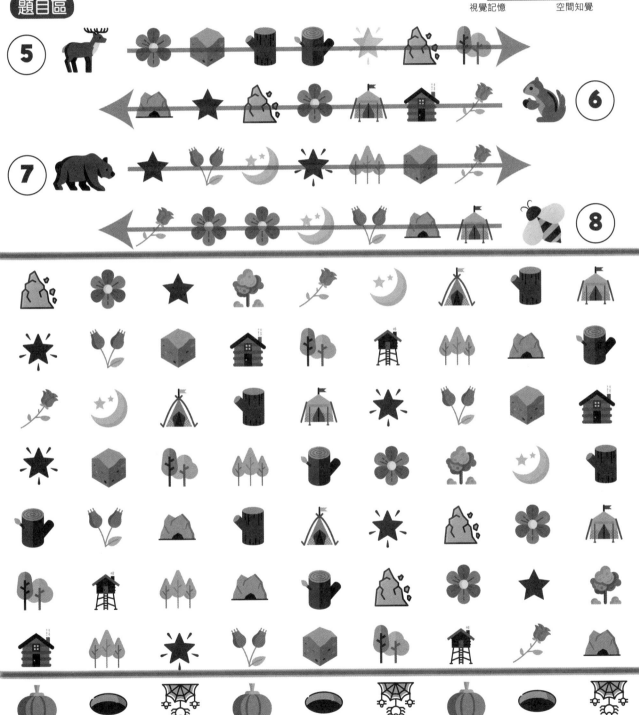

第五站：遺失的玻璃鞋

仙杜瑞拉在趕回家的路上遺失了自己的玻璃鞋。王子也在舞會中對仙杜瑞拉印象深刻，想藉由撿到的玻璃鞋找到她，但迷糊的大臣不小心把鞋子弄掉在倉庫裡了，請小朋友幫忙大臣把鞋子整理好並找到玻璃鞋。請小朋友幫忙將**左腳的鞋子塗上灰色，右腳的鞋子塗上紅色**，並將同一雙鞋子寫上一樣的編號。最後告訴大臣玻璃鞋是幾號呢？

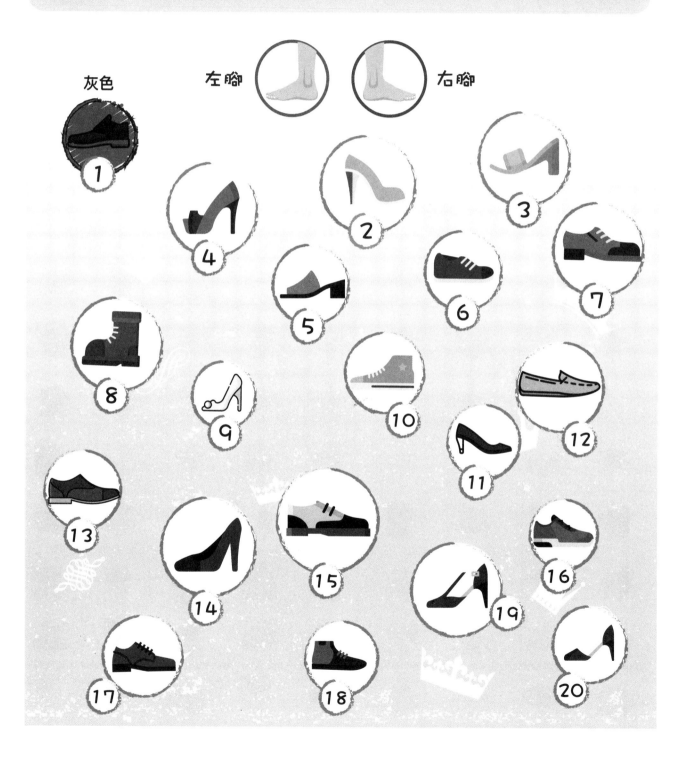

視覺注意力雷達圖分析

在本單元中需整合視覺搜尋、形狀知覺以及空間知覺的練習，
日常生活中小朋友經常分不清楚左右邊或是將鞋子穿錯腳等，
藉由練習讓孩子觀察左右兩邊有何不同，及位置的相對關係
等等。

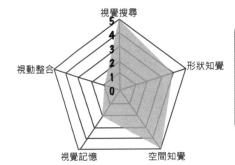

紅色

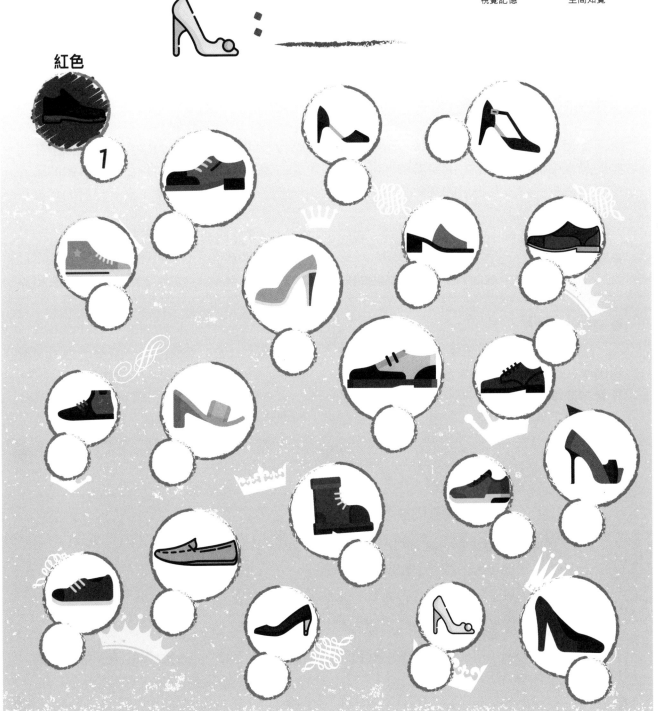

綜合挑戰 ②

綜合全面視知覺能力，小試身手

若無法馬上完成別擔心，讓我們從後面的分項單元開始吧！之後別忘記回來繼續挑戰呦！

遊戲方法以及難度分級

在接下來的綜合挑戰中，每一項的活動都會結合不同的視知覺能力以及技巧，孩子在活動的過程中需要自己努力的想辦法，可能會花比之前還要多的時間。家長在綜合挑戰的單元中可以減少引導以及提示的次數，讓孩子可以花更多時間自己去試試看，自動自發的想辦法才可以真正的達到整合的目的。

若孩子在活動中感到較為困難時，我們可以試試以下幾個辦法：

❶ 拆解活動

不用一次把一個回合寫完，每個活動可以分次完成，重點是讓孩子可以在過程中想辦法。

❷ 想想之前怎麼辦？

家長可以提示孩子在前面的單元中有練習過什麼技巧，是不是很像呢？讓孩子應用看看前面單元的技巧。

❸ 背景簡單化

可以把還沒寫到的部分用一張白紙遮起來，縮小活動範圍，讓干擾孩子的因素降低。

適合 3 ～ 4 歲的孩子

4 歲以上的孩子在理解規則後可以獨立完成。

適合 5 ～ 6 歲的孩子

5 歲以上的孩子在理解規則後可以獨立完成。
5 歲以下的孩子可能需要些微的幫助或是將活動分次完成。

適合 7 歲以上的孩子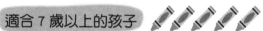

7 歲以下的孩子可能需要些微的幫助或是將活動分次完成，中班以下的孩子可能需要較多的引導。

農莊大亨

　　在遙遠的鄉村裡居民們自給自足，每天勤奮的工作，不管是農田還是牧業甚至是漁業都相當興盛，大家也都過得很快樂，但是今年風災不斷，接連不斷的颱風，鬆動的土石以及滂沱大雨引發嚴重的土石流使得村莊大受打擊。

　　村莊原本的農田以及魚塭等等都因為天災受到損害，村長來拜託各位小朋友，請小朋友想想辦法，幫助村莊恢復原本的樣貌。

第一站：動物捉迷藏 ✏️

天災過後，動物們因為農舍跟柵欄的破損都跑了出來，躲在農莊的各個角落，讓居民們十分的頭痛。請小朋友找出指定的動物並用有顏色的筆圈起來，數數看每種動物各有幾隻（建議不同的動物可以用不同顏色的筆）。

視覺注意力雷達圖分析

本單元主要爲整合視覺搜尋以及形狀知覺的能力,在形狀知覺的部分以形狀完形以及形狀恆常爲主,小朋友必須在看到某些特徵後知道那是什麼物品,另外也需要孩子發展出一套策略在密密麻麻的背景中找出指定物並點數。

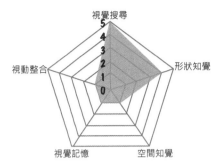

第二站：電話打不停 ✏️✏️✏️

找回所有的動物後，開始要來整理環境以及打點莊園囉！但是電話簿所有的名片散落一地，請小朋友幫忙一同整理到通訊錄裡。請小朋友依照右頁的編號在左頁找到相對應的名片，把名片上的電話抄寫到右頁的通訊錄中。

① 咖啡廳
780-3877

⑤ 豬肉攤
830-7153

⑧ 花店
992-5152

⑩ 助手阿飛
0910-305-936

⑫ 飼料廠
0800-565-998

⑭ 果汁吧
2351-4625

④ 運動用品
648-1238

⑪ 服飾店
3845-6972

⑮ 銀行
0800-235-789

③ 雞飼料廠
780-3387

⑦ 助手小潔
0920-521-542

⑥ 釣具店
488-1053

⑬ 鞋店
880-8995

⑨ 蔬果店
3698-7475

② 超級市場
7980-5612

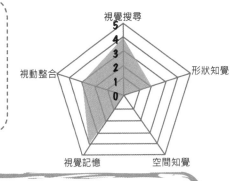

視覺注意力雷達圖分析

本單元中主要是訓練查找以及抄寫的技巧，在過程中需要整合視覺記憶、手眼協調以及視覺搜尋的能力，觀察孩子在過程中所需要的可記憶訊息長短及搜尋策略，另外，孩子在抄寫的過程中，能否在注意力轉移時篩選掉不必要的背景干擾，如同抄寫黑板上的資料時所需要的能力。

通訊錄

1 ☎ 780-3877

2 ☎

3 ☎

4 ☎

5 ☎

6 ☎

7 ☎

8 ☎

9 ☎

10 ☎

11 ☎

12 ☎

13 ☎

14 ☎

15 ☎

第三站：誰吃了點心？

在辛苦的工作之後，蛋糕奶奶準備了豐盛的下午茶要招待來幫忙的夥伴們，但是當大夥打開冰箱後發現點心都被偷吃了！現場留下很多的腳印，到底是誰偷吃了點心呢？請小朋友觀察題目區每個點心旁邊留下的腳印，找到一樣的腳印並圈起來，最後連起來，找找看是哪個貪吃鬼偷吃了點心。

題目區

視覺注意力雷達圖分析

本單元中需要同時整合形狀知覺以及手眼協調的能力並在過程中發展出一套適合的搜尋策略,另外在背景中有許多相似圖形,因此需要較多的區辨能力觀察腳印特徵,最後再將找到的腳印順暢的連起來。

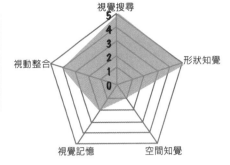

`題目區`

第四站：蘋果成熟季 ✏✏

隨著來秋天的到來，許多水果都逐漸成熟，莊園也飄來陣陣蘋果香，樹上有的蘋果被蟲蛀、有的被偷吃了一口，有的甚至被吃光光了！請小朋友幫忙將**好的蘋果**用紅筆圈起來，將**有蟲的蘋果**藍筆打叉，被偷吃一口的蘋果用黃色打叉，將被吃光的蘋果用黑色打叉，並數數看各有幾顆，將答案寫在籃子上的框框裡。

視覺注意力雷達圖分析

本單元主要整合視覺搜尋、形狀知覺以及工作記憶的能力，在點數的過程中也需要發展出適合的策略讓自己不會忘記數到哪裡。另外也需要良好的注意力持續度以及搜尋策略。

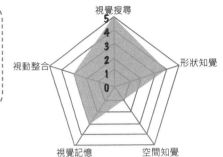

第五站：出發趕市集！

謝謝小朋友們幫忙，莊園恢復以往的生機盎然，今年的蔬果也是大豐收，請小朋友一起幫忙將蔬果放置到車廂上。請依照箭頭的方向，依序將車廂上頭指定的蔬果數量塗上指定的顏色，**蔬菜請塗上綠色、葡萄塗上紫色、香蕉塗上黃色、蘋果塗上紅色。**

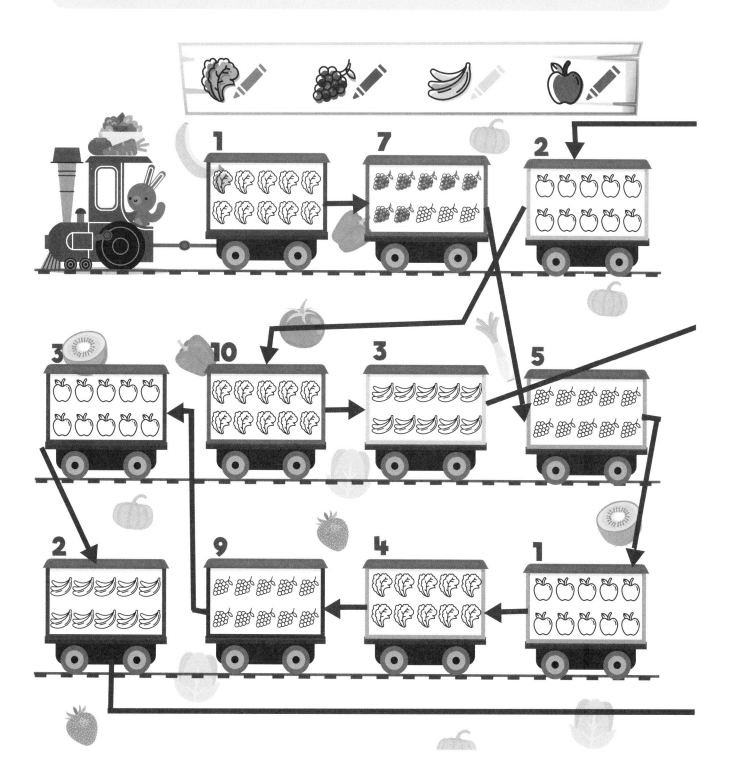

42

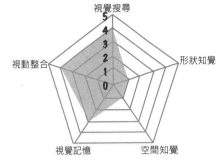

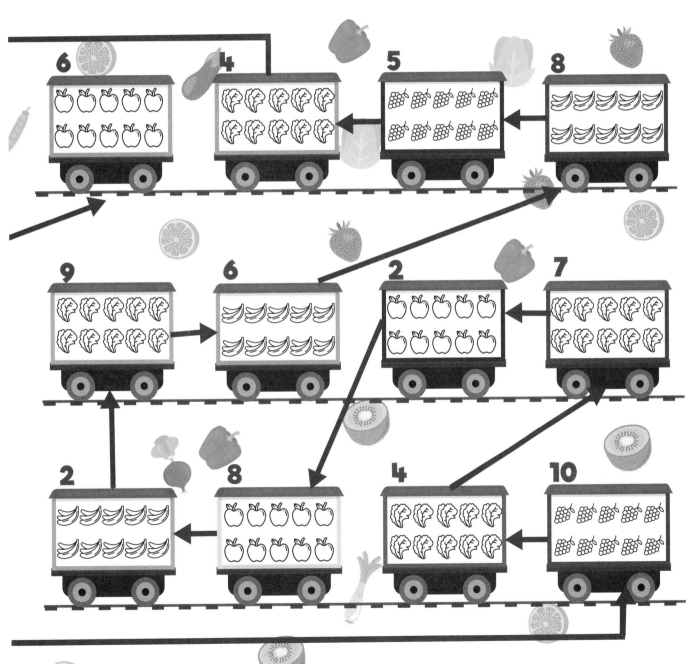

綜合挑戰 ③

綜合全面視知覺能力，小試身手

若無法馬上完成別擔心，讓我們從後面的分項單元開始吧！之後別忘記回來繼續挑戰呦！

遊戲方法以及難度分級

在接下來的綜合挑戰中，每一項的活動都會結合不同的視知覺能力以及技巧，孩子在活動的過程中需要自己努力的想辦法，可能會花比之前還要多的時間。家長在綜合挑戰的單元中可以減少引導以及提示的次數，讓孩子可以花更多時間自己去試試看，自動自發的想辦法才可以真正的達到整合的目的。

若孩子在活動中感到較為困難時，我們可以試試以下幾個辦法：

❶ 拆解活動

不用一次把一個回合寫完，每個活動可以分次完成，重點是讓孩子可以在過程中想辦法。

❷ 想想之前怎麼辦？

家長可以提示孩子在前面的單元中有練習過什麼技巧，是不是很像呢？讓孩子應用看看前面單元的技巧。

❸ 背景簡單化

可以把還沒寫到的部分用一張白紙遮起來，縮小活動範圍，讓干擾孩子的因素降低。

適合 3～4 歲的孩子

4 歲以上的孩子在理解規則後可以獨立完成。

適合 5～6 歲的孩子

5 歲以上的孩子在理解規則後可以獨立完成。
5 歲以下的孩子可能需要些微的幫助或是將活動分次完成。

適合 7 歲以上的孩子

7 歲以下的孩子可能需要些微的幫助或是將活動分次完成，中班以下的孩子可能需要較多的引導。

愛麗絲的午茶派對

　　愛麗絲與姊姊在花園中讀著書做著白日夢，突然看到一隻帶著時鐘還穿著西裝的兔子非常著急地跑了過去，愛麗絲覺得非常新奇，在好奇心的驅使下也跟著兔子先生鑽到了樹洞中，突然！一陣天旋地轉，愛麗絲一直往下掉……。

　　醒來後的愛麗絲看到桌上有一瓶藥水還有一扇門，喜歡冒險的愛麗絲喝完藥水往門走去，打開門後發現自己一直變小，變得跟兔子先生差不多大小，苦惱的愛麗絲只好繼續往前走，走著走著來到了森林裡。森林中非常熱鬧，不只有兔子先生還有各式各樣的小動物，原來大家正在開下午茶派對！

　　讓我們跟著愛麗絲，一起加入這熱鬧且盛大的下午茶派對吧！

第一站：準備點心囉！ ✏

請小朋友一起協助愛麗絲以及小動物們準備這場歡樂的下午茶派對，請小朋友從圓點開始依照箭頭指示的方向尋找，將左頁左方及右頁上方需要的點心以及物品圈出來。

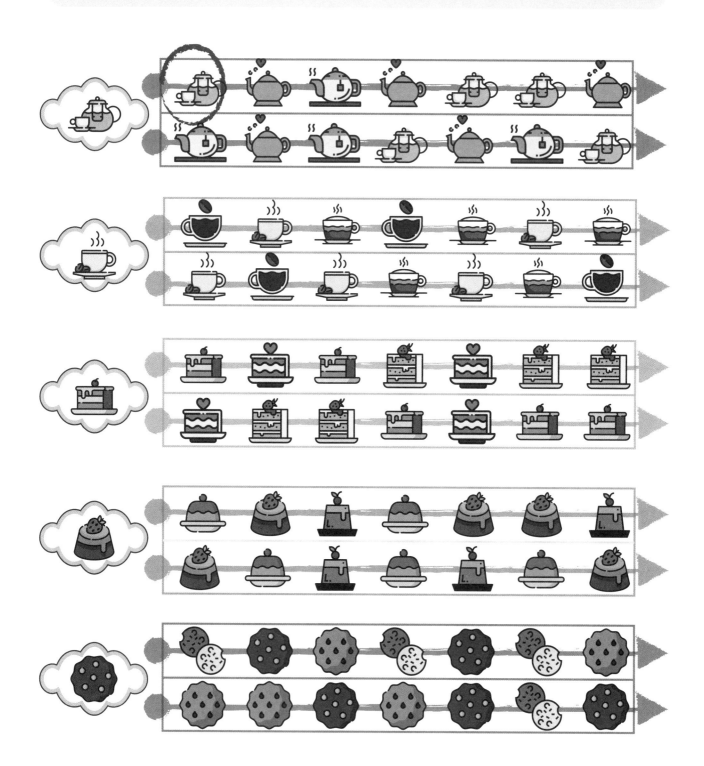

視覺注意力雷達圖分析

本單元主要為整合視覺搜尋以及形狀知覺的能力，練習時需要發展出自己的搜尋策略，若以雜亂無章的搜尋方式則容易漏掉，另外也需要背景主題以及視覺完形的整合運用，讓孩子可以在圖片中找尋自己需要的目標物。

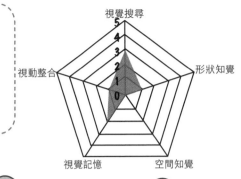

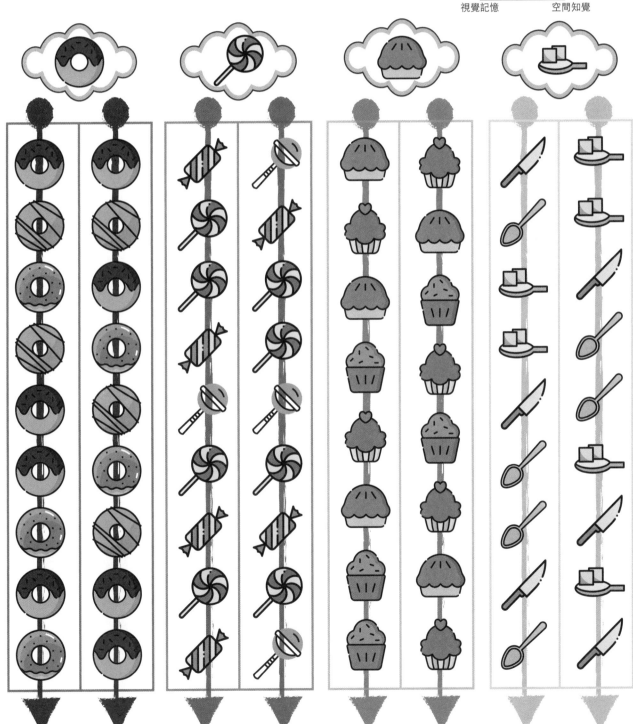

第二站：拼圖歷險！

兔子先生告訴愛麗絲只要幫牠找到拼圖碎片，在派對結束後就能變成正常的大小，回到原來的世界。小朋友，你能幫忙愛麗絲一起從右邊的拼圖碎片中找到弄丟的拼圖，並將號碼填進左邊框框嗎？

視覺注意力雷達圖分析

本單元主要練習細節區辨與視覺完形能力，需要孩子辨認出完整圖形可能的樣貌，先選擇出該幅圖片的拼圖，再藉由周圍細節線索區辨出正確的拼圖。

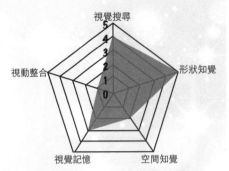

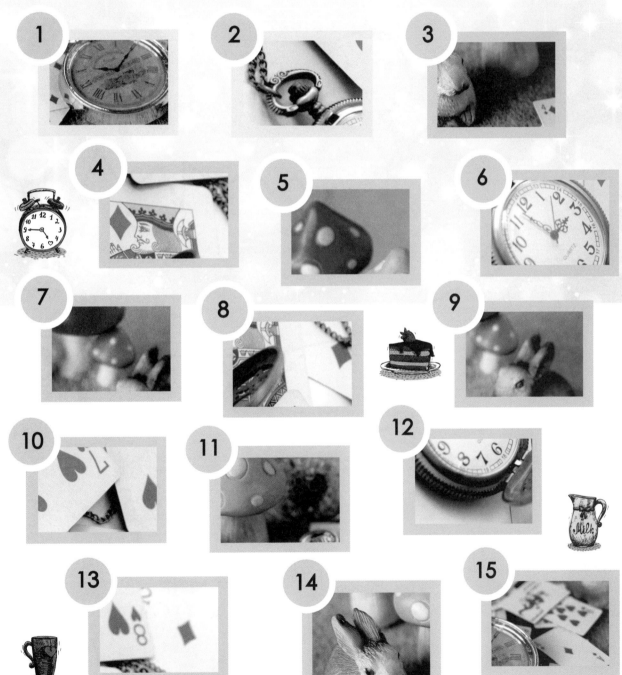

50

視覺注意力雷達圖分析

本單元中需要較進階的追視能力，需要跟著不同的線條特徵找到相對應的盤子，另外也會需要更多的視覺注意力才能完成。可以用手指比著或用筆畫唷！

第四站：幫忙指路 ✏✏✏✏

來參加派對的動物們陷入一片苦惱，因為點心的種類實在太多了，請大家為愛麗絲以及動物們指路找出牠們想要的點心以及參加派對的道路。請用手指著路，慢慢走，遇到岔路就要轉彎！

題目區

1　2　3　4　5　6

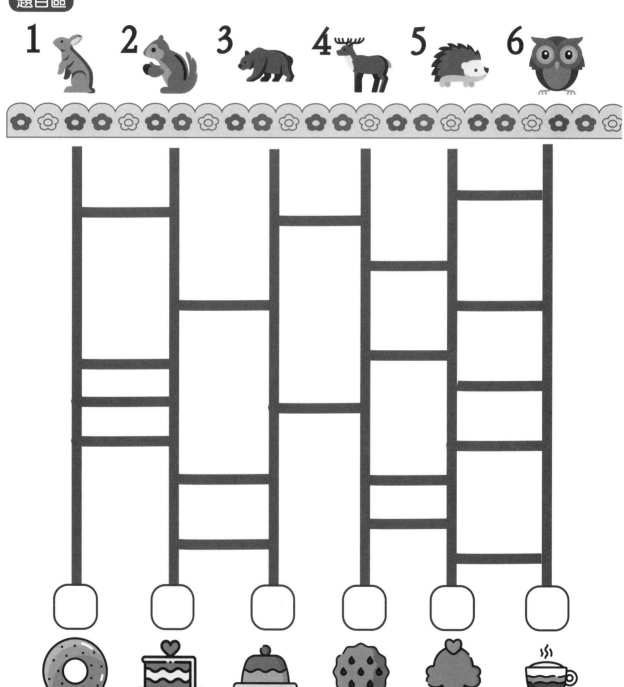

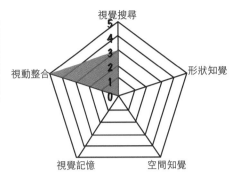

視覺注意力雷達圖分析

本單元中需要較進階的視覺整合能力，需要手指和眼睛動作一起配合跟著線條的方向前進或轉彎來找到適當的路線，另外也需要較好的的視覺注意力來完成遊戲。

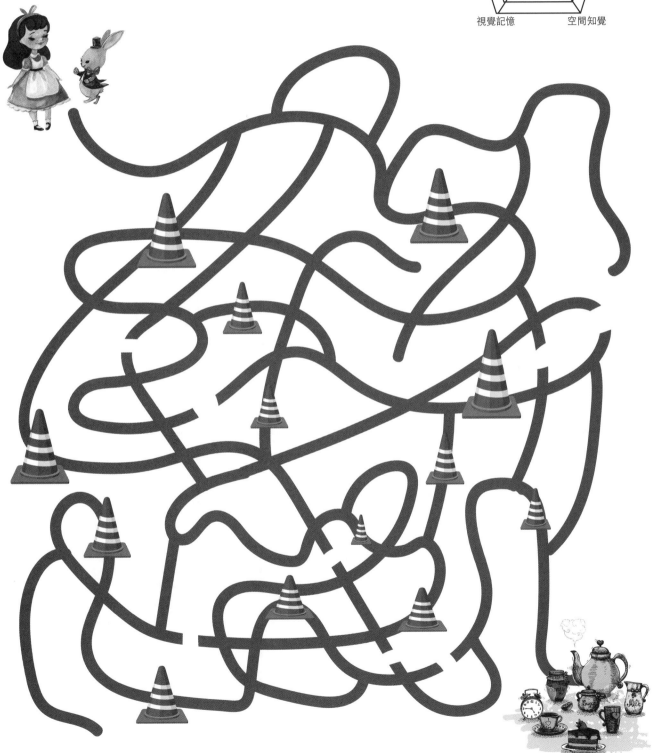

愛麗絲的午茶派對　幫忙指路

53

第五站：英式下午茶 ✏✏✏✏✏

小朋友，愛麗絲想要按照右頁圖片指定的順序安排下午茶，你能從左頁兩題的 2 個菜單中疊加對應出點心的位置，用筆從右頁表格的箭頭開始將點心依序連起來嗎？（過程中只能走直或橫線，格子不能重複走，填色的格子代表不能經過唷～）

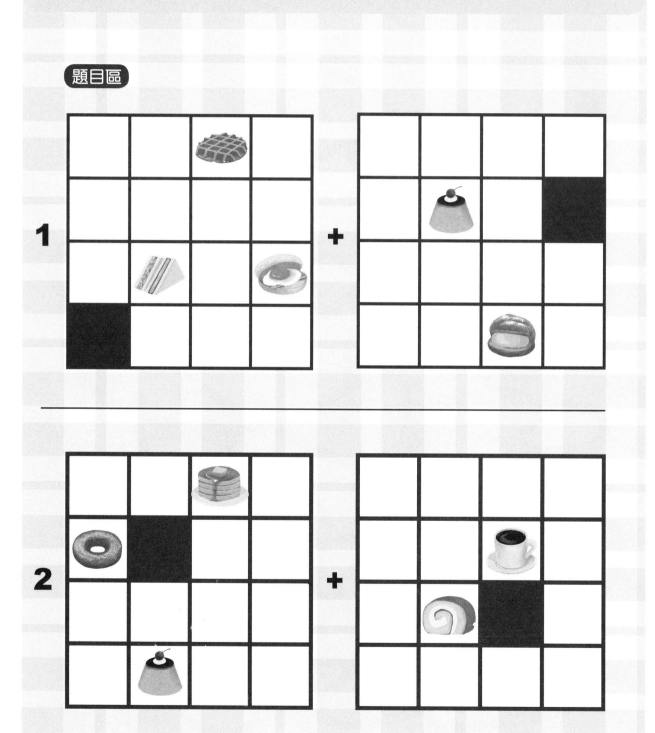

1

2

視覺注意力雷達圖分析

本單元中主要練習近端視覺空間對應，需要藉由穩定的眼球追視、定位，序列記憶與進階的空間計畫能力來完成路線的計畫。

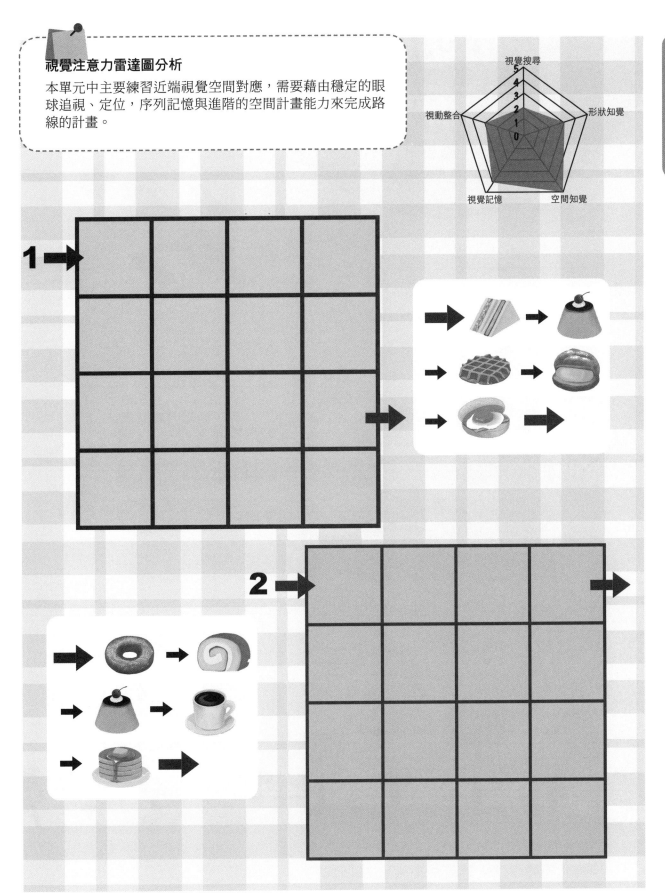

動動眼
玩玩看

居家活動建議

發票怎麼玩？	樓梯大變身
DM 可以這樣找？	手掌蓋印章
逛街尋寶樂	杯子魔術
黏土迷宮	襪子對對碰

居家練習好處多
休息在家不無聊

　　視知覺技巧在我們生活中隨時隨地都在出現，從閱讀到看電視打電動等等無處不在。當我們睜開眼的瞬間就一直在使用這項能力，因此在家中我們也可以利用隨手可得的工具以及媒材來與孩子們一同練習，除了可以訓練視知覺技巧外，也可提升注意力的持續度，最重要的是增進親子時光的趣味性！

發票怎麼玩？

→ 目標能力：視覺搜尋的查找能力以及視覺記憶能力

🌸 準備材料

發票數張、彩色筆、白紙

🌸 遊戲方法

❶ 準備發票 10 張或更多，並製作一張中獎表。

❷ 依照孩子的能力選擇要對幾碼，如：小班對後三碼／中班對後四碼／大班要對到五碼等等。

❸ 用彩色筆在需要對獎的地方下畫底線並依照需要對獎的號碼長度畫線（如範例圖）。

❹ 請孩子對看看哪張發票會中獎！

中獎號碼	獎金
344	$ 10
234	$ 200

電子發票證明聯
107年07-08月
KC-12341234
2018/08/08　20:08:08
隨機碼:8888　總計:75
賣方:06185428

店號000125-機01-序88888888

**退貨時請攜帶電子發票證明聯

🌸 活動難度分級

❶ **需對應的數字長度**：例如需對應末三碼、末四碼或是整排數字都要對。

❷ **需要對應的位子**：例如要對應最前面、最後面或是更難的要對應發票上面的畫線處（但每張畫線的地方不同）。

❸ **中獎號碼的組數**：中獎的金額愈多，中獎的號碼也愈多，同一組號碼孩子需要查找對應的範圍也變大。

❹ **是否需要記憶**：可以簡單的將中獎號碼放在孩子手邊對獎，也可較為困難的讓孩子記起號碼蓋起來後再去對應查找。

🌸 其他玩法

家裡有兄弟姊妹或是在小朋友聚會中也可以來團隊合作甚至競賽，家長先在題目板上寫上需要找到的發票，一個孩子負責搜尋發票在哪裡，一個孩子負責查找對應獎金，合作或是比賽看看哪一組動作最快可以拿到相對應的代幣。

逛街尋寶樂

→ **目標能力：** 訓練形狀知覺中形狀區辨以及主題背景能力

🌸 **準備材料**

賣場 DM、剪刀、膠水、白紙

🌸 **遊戲方法**

❶ **製作購買清單：**

準備賣場 DM，並挑選當天需要
購買的商品大約 3～5 樣剪下後
貼到紙上，或是利用手機存取商
品圖片。

❷ **逛街找找看囉：**

帶孩子到該商品區域，讓孩子看
完圖片後尋找看商品在哪裡，也
可引導孩子依照貨架方向一排一
排的搜尋。

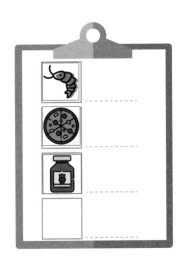

🌸 **活動難度分級**

❶ **是否熟悉超市擺放位置：**較為簡單的方法可以先引導孩子介紹一下商品類別分區，
難一點或是較大的孩子可以讓他們自己找找看。

❷ **商品類別是否有鎖定位置：**如同上一個的概念，跟搜尋的範圍有關係。

❸ **商品的辨識度：**商品是否具有顯眼的特徵，或是與其他商品很雷同，較難一點的
方式可以利用口味的不同標籤或是盒子外觀上面會有一些小差異讓孩子查找指定
的口味等。

❹ **時間的限制：**有時間的限制可以看看孩子是否使用有效率的搜尋策略，在些微壓
力下是否可以冷靜思考？

手掌蓋印章

→ 目標能力：訓練空間知覺區辨左右邊的能力

🌸 **準備材料**

全開圖畫紙、兩種顏色的印台、彩色筆

🌸 **遊戲方法**

❶ **製作底圖：**

照顧者分別描繪自己左右手的手掌外框於圖畫紙上，數量遍佈整張圖畫紙。

❷ **蓋印章囉！**

先規定左右手的顏色，如左手是藍色、右手是紅色，讓孩子對看看底圖上的手掌外框，若是左手就用左手沾藍色印台蓋在手掌框內，若是右手則用右手沾紅色印台蓋在手掌框內。

🌸 **活動難度分級**

❶ **手的排列：**空白的手外框（題目）是在紙上排列整齊或是雜亂無章沒有對齊。

❷ **題目手的方向性：**與第一項雷同，手的外框是都方向一致（簡單）還是有的向左有的向右或是每個角度都有點不同。

❸ **題目手的大小：**每一個手都一樣大或是大小也都不盡相同。

❹ **題目手是否有重疊：**有些微或是部分重疊的話在區辨上也較為困難。

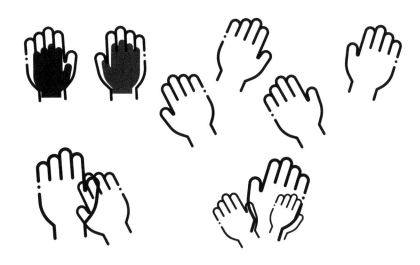

DM 可以這樣找？

→ **目標能力**：訓練形狀知覺中形狀區辨以及主題背景能力

🌸 準備材料

兩份一樣的 DM、剪刀、膠水、白紙、彩色筆

🌸 遊戲方法

❶ 製作購買清單：

準備兩份一樣的超市 DM，選擇某一頁的內容是孩子較常見的物品，並挑選 6～10 樣商品剪下後貼到白紙上即可。

❷ 將指定商品圈起來：

將第二份完整的 DM 以及購買清單交給孩子，引導孩子看完購買清單後翻到該商品的頁面，請孩子將相同的商品找到並圈出來，看看是多少錢？

🌸 活動難度分級

❶ 背景複雜度：挑選的 DM 是簡單排列的白底色，或是無依序排列及背景顏色豐富的內容。

❷ 商品範圍：需要查找的範圍在指定頁面，或跨雙面進行亦或是整本 DM 的搜尋。

❸ 商品種類：DM 的商品種類是否將類似的放在同一區，或是我們給予的商品是否有將相同類別的放在一起方便查找。

❹ 商品的辨識度：商品能一眼辨認且具有明顯的特徵，或是與其他商品僅有些微的差異。

🌸 其他玩法

兩個以上的孩子可以進階為合作或是競賽的方式，將商品圖改成貼到白色卡片中，並讓孩子輪流抽卡片，翻開後比賽看誰可以先在 DM 上找到答案。

杯子魔術

→ 目標能力：訓練視覺追視、視覺記憶以及注意力持續度

🌸 準備材料

3～5個空紙杯、幾顆不同顏色的小球或是小公仔

🌸 遊戲方法

❶ 將杯子排成一排並將目標物（球或是公仔）藏在其中一個杯子下面。

❷ 請小朋友注意並仔細看最後目標物躲在哪裡。

❸ 照顧者開始挪移杯子。

❹ 停下後請小朋友指出目標物在哪裡。

🌸 活動難度分級

❶ **杯子數量不同**：依照能力可從2～5個依序增加，數量愈多愈難。

❷ **挪移的速度**：也可增加挪移的速度，或是方位甚至是次數。

❸ **目標物的數量**：增加至兩顆球或是不同顏色的球，增加干擾。

🌸 其他玩法

若有不同顏色的球也可以用較為動態的玩法，例如將球依序滾給孩子，孩子只能接住指定顏色的球，其他則打掉。或是數數看，剛剛滾出去的球裡面有幾顆是紅色的等等。

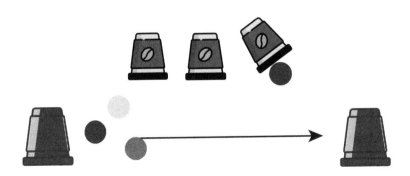

樓梯（牆壁）大變身

→ **目標能力：** 訓練視覺搜尋中的追視能力

✿ **準備材料**

彩色膠帶、圓點貼紙

✿ **遊戲方法**

❶ **製作軌道：**

利用彩色膠帶在樓梯間或是牆上貼出線條路線，並利用不同顏色的圓點貼紙或是動物貼紙貼在線條中。

❷ **孩子探險囉：**

請小朋友依照指定的線條找找看路上會遇到什麼動物，或是會遇到幾個點點呢？

✿ **活動難度分級**

❶ **背景複雜度：** 牆面或是樓梯是否有其他裝飾，若有裝飾背景較為複雜，難度也會增加。

❷ **線條的數量以及交集次數：** 當線條愈多或是交集愈多時，一個不小心就會被干擾而忘記自己目前數到哪裡或是走去別條線。

❸ **線條的方向性：** 當方向愈多元，或是變換的頻率愈高時，需要的技巧以及難度也會相對提高。

❹ **校調以及目標物的辨識度：** 線條以及上面的目標物如果是對比色，較顯眼難度也會比較簡單，但若顏色相近或是目標物種類較多則難度會增加。

✿ **其他玩法**

此活動可以在平面或是在空間內各個角落進行，若有兩個以上的孩子也可以比賽或是合作。

黏土迷宮

→ 目標能力：訓練視覺追視、手眼協調

準備材料

黏土、圖畫紙、彩色筆

遊戲方法

❶ **製作迷宮**

跟孩子討論迷宮設計並協助孩子一起把迷宮路線畫在圖畫紙上，迷宮的路線需要有上下兩條圍出道路（如下圖示範），可依照難度製作出 2 道以上不同顏色的迷宮，接著將黏土搓成長條，沿著迷宮線條黏上去。

❷ **逃出迷宮：**

完成迷宮後拿出彩色筆一起走出迷宮，途中盡量不要碰到黏土牆唷！

活動難度分級

❶ **迷宮路線的寬度不同**：路線愈窄需要運筆的穩定度愈高。

❷ **迷宮轉彎的次數**：轉彎的次數以及角度也會影響在追視上面的難度。

❸ **顏色路線的干擾**：可以利用黏土顏色的不同，製作出不同的路線，也會增加背景的複雜度，另外對於追視的難度也會增加。

其他玩法

也可由家長或是孩子們輪流出題來玩電流急急樂，先由出題者將迷宮道路用黏土圍出來，挑戰者試著用彩色筆走出來，若碰到黏土牆壁就是電到出局。

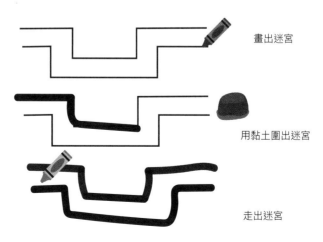

畫出迷宮

用黏土圍出迷宮

走出迷宮

襪子對對碰

➡ **目標能力：** 訓練視覺搜尋以及區辨能力

🌸 **準備材料**

襪子數雙、其他衣物

🌸 **遊戲方法**

❶ **曬衣小幫手：**

家長可將每雙襪子的其中一隻先用曬衣夾夾起來，接著請小朋友從剩下的襪子中
找到一樣的襪子並夾在同一個夾子上或是夾在旁邊。

❷ **摺衣服小幫手：**

將收下來的衣服散在床上，請孩子找到成雙的襪子並且捲起來幫忙收好。

🌸 **活動難度分級**

❶ **襪子花樣的不同：**花色以及顏色愈相近，難度愈高。

❷ **背景複雜程度不同：**當背景有愈多的其他衣物干擾，難度愈高。

❸ **襪子數量的不同：**數量愈多，需要搜尋的難度愈高。

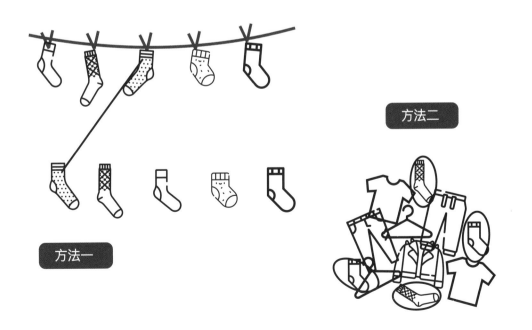

方法二

方法一

視覺搜尋

藉由遊戲建立有效率的掃描以及搜尋策略

什麼是視覺搜尋？

視覺搜尋也就是所謂的掃描能力，如同掃描器在掃描圖片一般，需要有效率的路徑以及模式將掃描過的東西記住，因此，在掃描過程中，眼球追視及策略建立便相當重要，建立一個有效的路徑策略除了能節省時間以外，也能避免重複查找或是遺漏等情形發生。

在日常生活中，閱讀就是視覺搜尋的能力，常常發現孩子會跳題、跳行、看過的內容又重複閱讀一次，或是在尋找東西時，孩子總是快速看過便馬上說沒找到，亦或是明明很仔細卻一直執著在同一角落等等情況。

遊戲方法以及難度分級

本單元中主要是訓練孩子們的搜尋能力，在前面的活動中會提供較多的輔助，例如輔助線以及方向線的給予、單純的背景以及單一的方向性，並隨著活動難度的加深，增加步驟、減少提示。在活動中可引導孩子依據給予的輔助線用手指一行一行的跟著線條走，增加眼球追視的輔助，建立習慣後在較難的單元可讓孩子自行練習在過程中觀察孩子是否可以在沒有輔助線下建立一套自己的搜尋路徑或是模式。

適合 3 ～ 4 歲的孩子

4 歲以上的孩子在理解規則後可以獨立完成。

適合 5 ～ 6 歲的孩子

5 歲以上的孩子在理解規則後可以獨立完成。
5 歲以下的孩子可能需要些微的幫助或是將活動分次完成。

適合 7 歲以上的孩子

7 歲以下的孩子可能需要些微的幫助或是將活動分次完成，中班以下的孩子可能需要較多的引導。

披薩王選拔

　　在披薩小鎮中，到處都有各式各樣具有特色的披薩餐廳，在一年一度的豐收慶典中，鎮長決定要在中央廣場進行披薩王選拔，選出可以代表小鎮的披薩王！

　　披薩老爹的披薩餐廳已經開了 20 年，十分好吃，但要贏得比賽，需要厲害的助手幫忙，請小朋友幫助披薩老爹克服難關並贏得比賽，得到披薩王的稱號。

　　披薩王選拔開始！

第一站：採買食材 ✏

請小朋友協助一起採買製作披薩需要的材料，請從圓點開始依照箭頭的方向尋找，將大廚所需要的材料圈起來。

視覺追視力雷達圖分析

本單元主要為訓練孩子視覺追視的能力,在視覺搜尋(掃描)中非常重要的一環,追視或是掃描能力與孩子的閱讀能力非常相關,閱讀時是否可以一行一行不會跳行或是漏字等等。

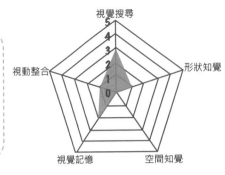

題目二

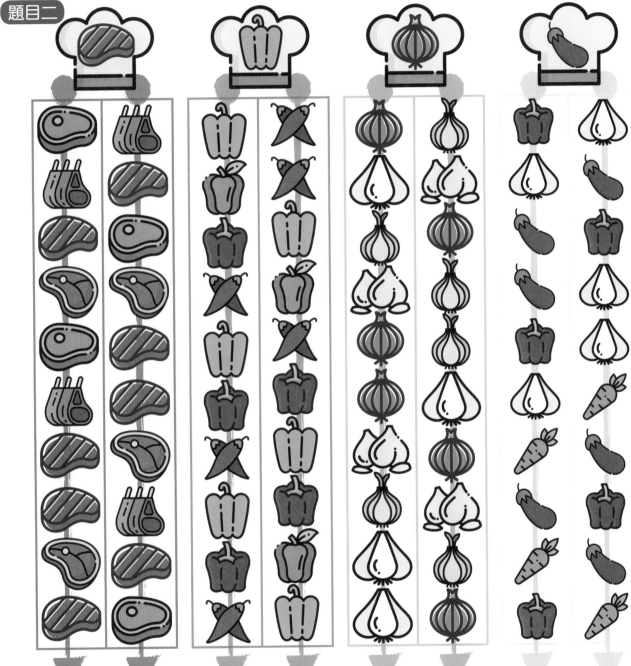

第二站：大排長龍 ✏️✏️

餐廳要開幕囉！餐廳外面大排長龍有許多客人期待嚐嚐美味的披薩，餐廳總共分成三個用餐區，一樓戶外遊戲區適合兒童，一樓室內用餐區適合長輩，二樓戶外用餐區適合朋友或是情侶聚餐。請小朋友從箭頭開始依序將每個人適合的用餐區在頭上或是旁邊的方格塗上座位區顏色。

題目一

視覺追視力雷達圖分析

本單元中需要難一點的追視能力，需要依照線條的方向改變掃描的方位，並且隨時需要注意目前進行到哪裡。

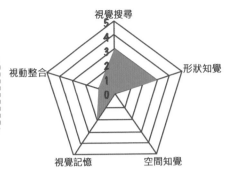

題目二

第三站：點餐囉！

到了晚餐尖峰時間，一時之間湧進大量的客人，請小朋友協助服務生點餐，依照指定顏色的路線，數數看有幾個人點同一種口味的披薩，並將同一路線各個口味的數量寫下來交給大廚。

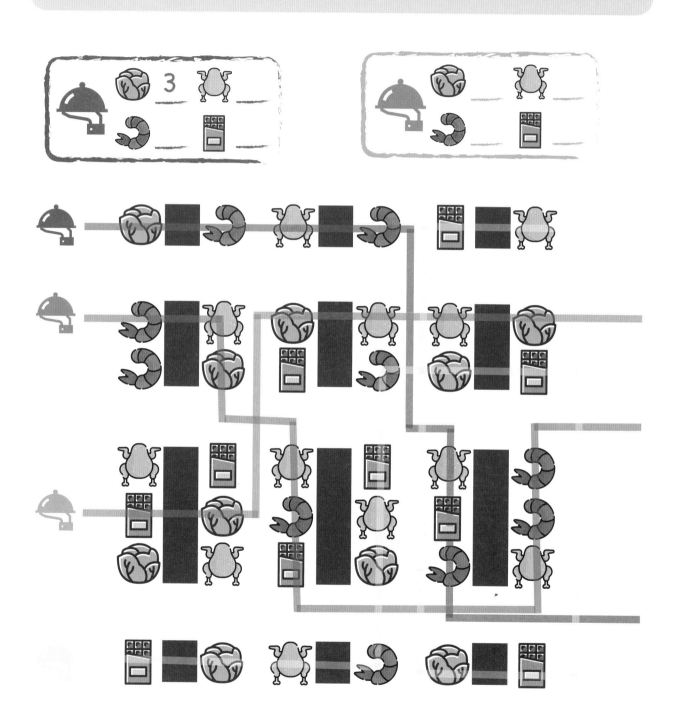

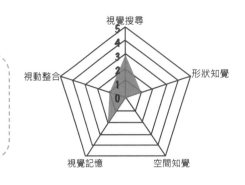

視覺追視力雷達圖分析

本單元需要較進階的追視能力，需要跟著線條的方向而改變掃描的方位，另外也會需要更多的選擇性注意力來選出想要的目標物。

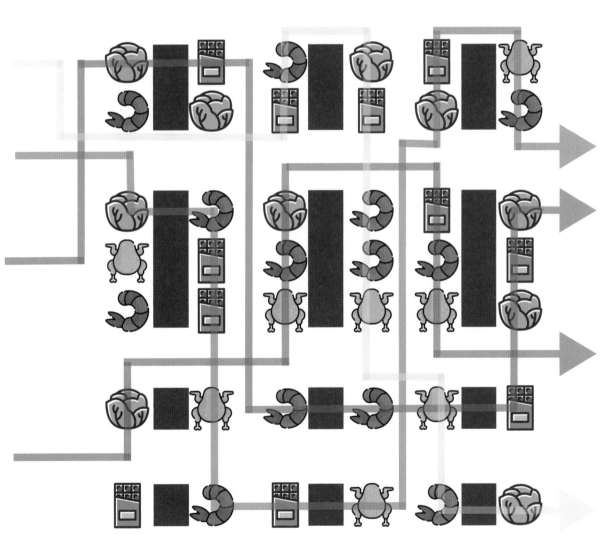

第四站：一起做 pizza

請小朋友協助披薩老爹來一起做披薩！幫忙將右頁桌上的食材依照左頁食譜區指定的顏色圈起來分類，如：黃色框內的食材用黃筆圈出來。

 食譜 Recipe

海洋總匯鮮味披薩

香嫩肉多多披薩

健康蔬菜活力披薩

巧克力水果派對披薩

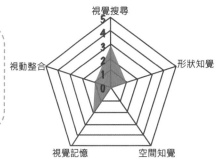

視覺追視力雷達圖分析

在前面的單元中，有許多標示以及線條等提示孩子搜尋或是掃描的途徑，在本單元中則需要更高階的搜尋能力，在沒有視覺輔助下是否可以在排列整齊的圖片中找到目標圖示。

第五站：外送餐車 GO！✏️✏️✏️

老爹決定提供外送服務囉！但是製作披薩盒子的時候忘記把披薩口味標記上去了。請小朋友協助將盒子上的條碼，對應上方條碼區數字，在圈圈內塗上對應的顏色。整理完盒子後就要派出外送車囉！請小朋友在地圖上數數看每種口味各要幾盒，並將答案寫在地圖下方。

745264　745135　740103　740135

視覺追視力雷達圖分析

本單元需要查找以及對應的能力，孩子在對應條碼時需要在兩者間進行轉移，需要較佳的選擇性注意力。另外在地圖搜尋時，需要建立有效的搜尋策略，如：作記號或是連線等等，以幫助自己不會漏掉或是重複計算。

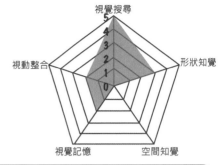

題目二

第六站：披薩出爐囉！ ✏️✏️✏️✏️✏️

叮咚叮咚上菜囉！請小朋友在雜亂的桌上找到正確的套餐內容，讓客人可以按照順序享受美食。請小朋友依照題目區給予的出餐順序以及餐點內容，在以下作答區找到順序以及內容都一樣的餐點並用指定顏色圈起來。

題目區

搜尋方向 ➡️

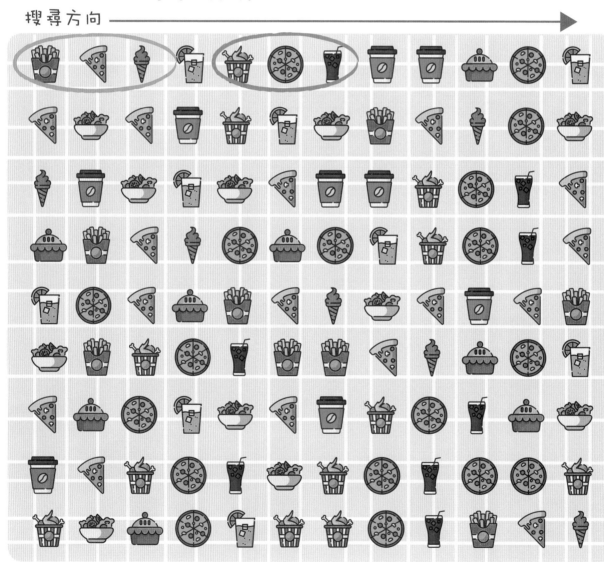

視覺追視力雷達圖分析

本單元中，在沒有輔助的情況下，需要較高的選擇性注意力及視覺記憶能力，同時記住要找尋的目標物及順序，並且在眾多物品中搜尋自己需要的食物。

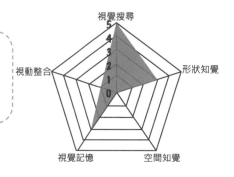

搜尋方向

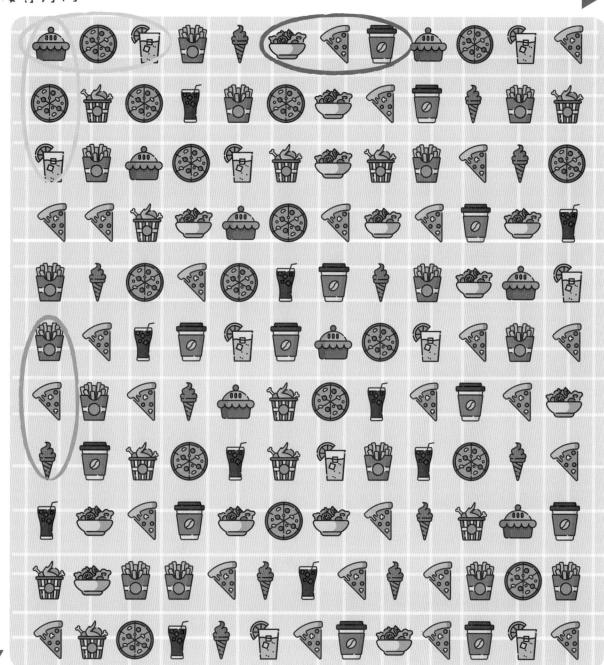

形狀區辨

藉由遊戲建立物件形狀辨識、配對與分類的能力

什麼是視覺區辨能力？

視覺區辨能力指的是能夠辨識物體特性，進而區辨異同的能力。讓我們能掌握物體大略的輪廓與整體的樣貌，同時覺察出細部的差異，並將這些資訊與記憶做連結以辨認出物體。高階的視覺區辨包含三個能力：形狀恆常、視覺完形、主題背景區辨能力。

❶ **形狀恆常**：指的是無論物件擺在什麼位置、方向或是變大、變小、旋轉都能知道是同一個物體，此功能差的孩子無法辨認轉到不同方向的積木，到了學習階段可能會無法辨認出不同印刷體的文字或是當文字放在不同角度就無法辨認。

❷ **視覺完形**：指當物品或文字被部分遮蔽仍能辨認出是該物或該字。此功能未成熟的孩子可能會找不到被書本蓋住一半的鉛筆或無法辨認黑板上被老師手臂遮蔽部分的文字。

❸ **前景背景區辨**：指能從複雜背景中提取出目標物的能力。若此能力不佳，孩子可能難以從一堆衣物中挑出目標的襪子、常常找不到近在眼前的東西或是難以從黑板上找到老師正在說明的內容。

遊戲方法以及難度分級

本單元依難度從簡單的視覺形狀恆常、視覺完形到前景背景能力，再依序進階到複雜可能同時會包含 1～2 個區辨能力的題型，家長可藉由蠟筆數量來挑選適合孩子的活動。

適合 3～4 歲的孩子

4 歲以上的孩子在理解規則後可以獨立完成。

適合 5～6 歲的孩子

5 歲以上的孩子在理解規則後可以獨立完成。
5 歲以下的孩子可能需要些微的幫助或是將活動分次完成。

適合 7 歲以上的孩子

7 歲以下的孩子可能需要些微的幫助或是將活動分次完成，中班以下的孩子可能需要較多的引導。

女孩珊珊環遊世界

　　女孩珊珊從小就有一個夢想，想要到世界各地去旅遊，看看這個世界上有什麼新奇有趣的事情，也想和不同國家的人做朋友。

　　於是，珊珊努力存錢，終於等到實現夢想的這一刻。雖然環遊世界讓她感到很興奮、很期待，但接下來有很多未知的挑戰在等著她。親愛的小朋友，你願意跟珊珊一起去冒險，看看世界各地特別的景點並和珊珊一起度過難關嗎？

　　探索世界之旅出發！

Russia

第一站：俄羅斯娃娃 ✏✏

小朋友，歡迎來到俄羅斯，這裡的商店有好多不一樣造型和大小的俄羅斯娃娃，
聰明的你能夠按照輪廓分類，並且數數看各有幾個嗎？

視覺區辨力雷達圖分析

本單元主要練習視覺區辨中的物體恆存概念，需要孩子細節的區辨能力，記住每個圖像的細節特徵且在不同大小、方向、顏色組合的物件中依照輪廓搜尋並辨認出目標物件。

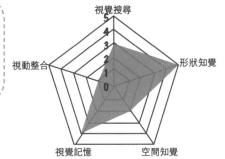

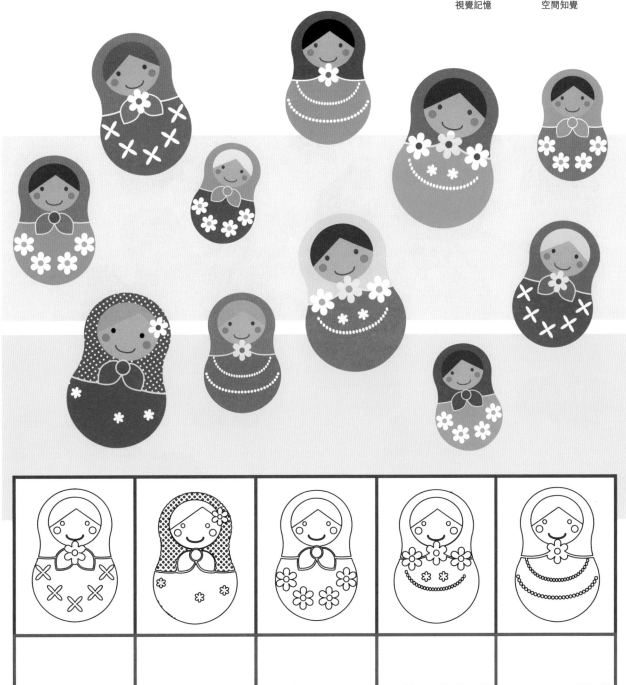

第二站：澳洲動物趣 ✏️✏️

小朋友，歡迎來到澳洲動物園，動物園裡有澳洲特有的無尾熊、袋鼠、袋熊、鴨嘴獸、針鼴和灣鱷。但動物管理員一不小心打翻顏料把地圖弄髒了，能不能請你幫忙數數看每種動物各有幾隻呢？

題目一

無尾熊 ____ 隻

袋鼠 ____ 隻

袋熊 ____ 隻

鴨嘴獸 ____ 隻

澳洲針鼴 ____ 隻

澳洲灣鱷 ____ 隻

視覺區辨力雷達圖分析

本單元主要練習視覺區辨中的視覺完形能力，孩子必須在動物部分被遮蔽或重疊的情況下，仍能依據剩下的圖案或輪廓線索區辨並分類動物種類。

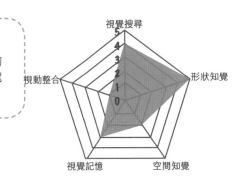

題目二

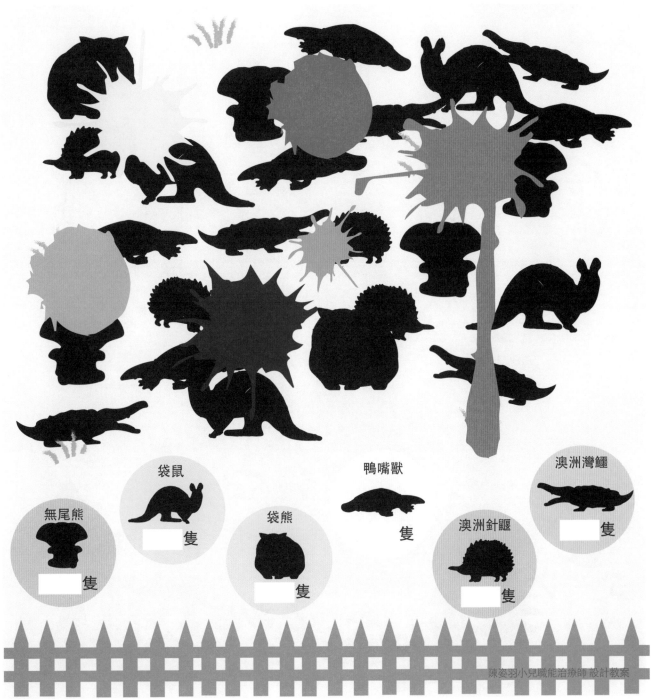

無尾熊 _____ 隻

袋鼠 _____ 隻

袋熊 _____ 隻

鴨嘴獸 _____ 隻

澳洲針鼴 _____ 隻

澳洲灣鱷 _____ 隻

陳姿羽小兒職能治療師 設計教案

第三站：芬蘭聖誕老人村

小朋友，歡迎來到芬蘭！著名的景點之一就是聖誕老人村，珊珊來到這裡發現聖誕老公公正忙著整理要送給全世界小孩的聖誕節禮物，他們很擔心會來不及送出去，你能一起幫忙把這些禮物找出來嗎？請用喜歡的顏色圈出跟題目一樣的禮物吧！右邊的題目請你數數看，聖誕老人送禮物的途中可以得到幾個不同顏色的彩球？又會送到幾號襪子裡呢？

題目一

視覺區辨力雷達圖分析

本單元主要練習視覺區辨中的前景背景區辨能力，孩子需要能區辨主題與背景，進而在複雜的背景之中，選擇並提取出目標物。

題目二

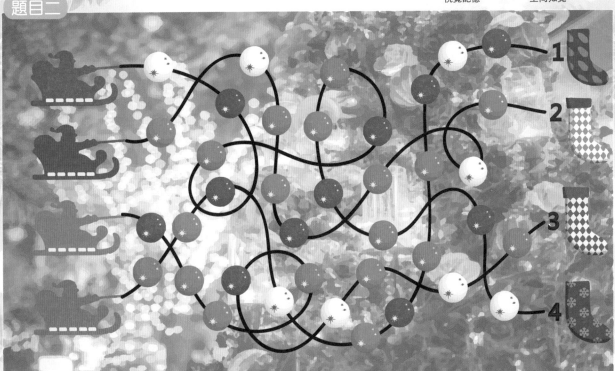

	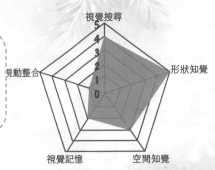				
![橇]	個	個	個	個	號
![橇]	個	個	個	個	號
![橇]	個	個	個	個	號
![橇]	個	個	個	個	號

第四站：冰島賞雪趣

歡迎來到冰島，珊珊已經等不及要開始賞雪了，親愛的小朋友你能分清楚不一樣造型的雪結晶嗎？快一起試試看在左邊這頁數一數雪結晶各有幾個？在右邊一頁按照藍線順序依序寫出雪結晶的順序吧！

Iceland

題目一

視覺區辨力雷達圖分析

本單元主要練習視覺區辨中的物體恆存、視覺完形與前景背景區辨的綜合概念，孩子需能辨別出不同大小、方向甚至是被遮蔽部分的圖形細節，再進行點數與追視以完成任務。

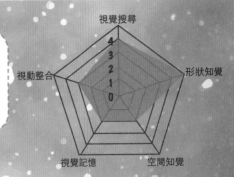

題目二

請依藍色路線上的雪花依序寫出代號(雪花代號在左頁上方)

1、3、4、

第五站：德國市集拼圖趣 ✏✏✏✏

到了德國，珊珊興奮地逛起市集，途中遇到一位老闆弄翻了胡桃鉗拼圖，老闆說只要幫他找到拼圖碎片，他就送一隻胡桃鉗娃娃報答。小朋友，你能幫老闆從右邊的拼圖碎片中找到弄丟的拼圖，並將號碼填進去嗎？

作答區

視覺區辨力雷達圖分析

本單元主要練習細節區辨與視覺完形能力，需要孩子辨認出完整圖形可能的樣貌，先選擇出該幅圖片的拼圖，再藉由周圍細節線索區辨出正確的拼圖。

題目區

England

第六站：英國博物館鑑定家

小朋友，我們來到英國參觀著名的博物館，專家們正在對館藏的名畫及文物進行鑑定，你們能幫忙看看哪一個才是真品嗎？請把和真品範本不一樣的地方圈出來，在圓圈中寫下共有幾個不一樣的地方，找出真品並將號碼填入底線中。

題目一

真品範本

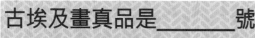
古埃及畫真品是＿＿＿＿＿＿號

1 ◯

2 ◯

3 ◯

4 ◯

5 ◯

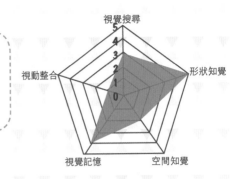

視覺區辨力雷達圖分析

本單元主要練習較為複雜的細節區辨能力，需要先掌握題目中的細節特徵，記憶並逐一比對是否吻合，才能找出與題目相符合之答案。

題目二

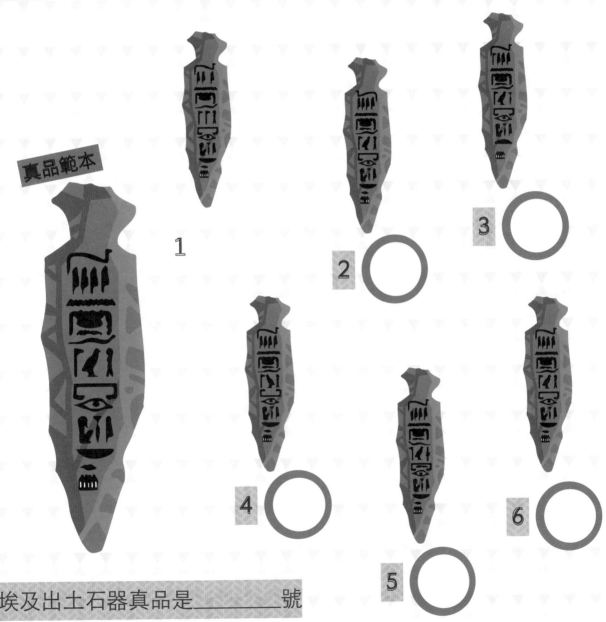

真品範本

埃及出土石器真品是_____號

視覺空間

藉由遊戲建立基礎方位、物體相對關係與對應概念

什麼是視覺空間能力？

　　視覺空間能力指的是能辨識自己與物體的關係（例：狗狗在我的左邊、書本在我的右邊）以及空間中物體彼此之間的位置關係（例：橡皮擦在考卷上面、尺在鉛筆旁邊），包含空間位置、深度覺和空間定向感。若孩子視覺空間能力不佳，可能導致在生活上鞋子常穿相反、分不清左右邊、投籃投不準、常常撞到人或物品；在學習上可能出現符號顛倒、文字的組成和空間分佈無法掌握、文字抄寫與對應能力不佳等。

遊戲方法以及難度分級

　　第一個活動做簡單的空間對應，家長可以先引導孩子注意披薩的餅皮顏色，再開始進行對應，過程中若孩子不理解意思，則可以一手指左邊題目的形狀、另一手指右邊作答區的形狀，讓孩子明白是同一個位置。第二個活動訓練上與下的方向空間關係，和第一個活動一樣可以藉由手指輔助來幫助孩子理解，還不會寫數字的孩子可以先用手指數字來回答。第三個活動建立孩子方向次序的概念，若孩子還無法進行抽象的計畫，則可使用實際的物品放在左邊走到的格子上，或是將步驟直接畫在格子上幫助孩子了解。第四個及第五個活動藉由物件的旋轉及物件之間的相對位置，訓練孩子的空間判斷能力，較適合大班以上的孩子嘗試，盡量讓孩子不以轉動書本的方式進行，才能看到孩子真正的能力。

適合 3 ～ 4 歲的孩子

4 歲以上的孩子在理解規則後可以獨立完成。

適合 5 ～ 6 歲的孩子

5 歲以上的孩子在理解規則後可以獨立完成。
5 歲以下的孩子可能需要些微的幫助或是將活動分次完成。

適合 7 歲以上的孩子

7 歲以下的孩子可能需要些微的幫助或是將活動分次完成，中班以下的孩子可能需要較多的引導。

廚師威威環遊世界

　　夢幻王國即將舉辦一年一度的盛會來慶祝國王的生日，盛會當天將會邀請鄰國的皇室一同共襄盛舉，因此國王非常重視晚宴的菜色，要讓大家有個美好的回憶。

　　於是，夢幻王國最頂尖的廚師威威接到來自國王的邀請，請他幫忙設計全世界最好吃的菜單來招待客人，可是威威一時沒有靈感，決定品嚐一下各國的料理再來決定，你願意陪著威威廚師一起環遊世界探險，尋找各國最美味的佳餚嗎？

　　享受美食之旅出發！

Italy

第一站：義大利披薩 ✏️✏️

小朋友，廚師威威想要按照菜單的口味製作披薩，請你對照左頁幫忙將右頁同一口味（外皮顏色相同）的披薩在相同的位置著上一樣的顏色，美味的披薩就完成囉！

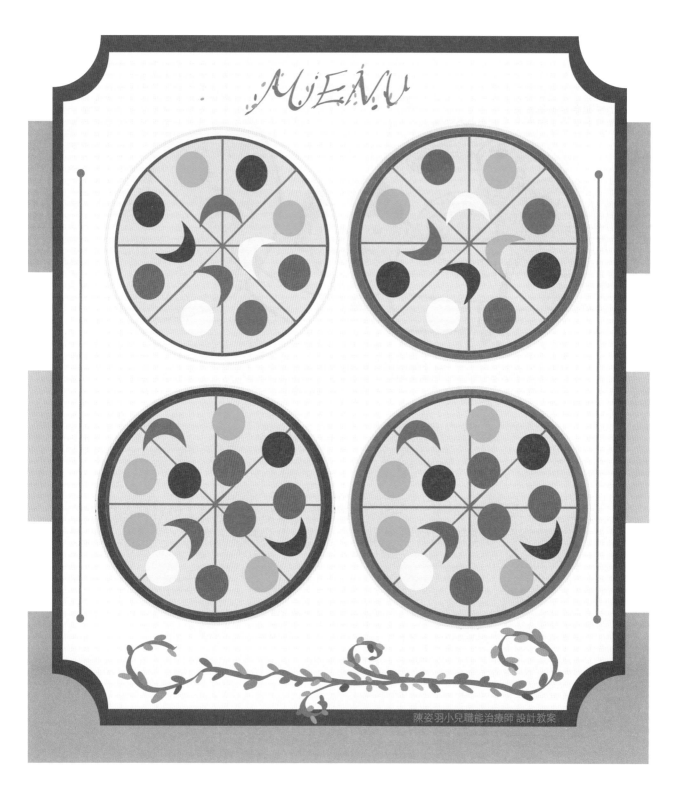

陳姿羽小兒職能治療師 設計教案

視覺空間雷達圖分析

本單元主要練習近端視覺空間對應，需要藉由穩定的眼球追視、定位與進階的空間知覺能力來完成。近端對應能力與孩子在課業抄寫效率有關，絕對不容忽視唷！

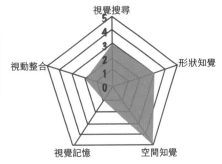

第二站：美國漢堡

小朋友，廚師威威來到美國想學做道地的漢堡，但是口味實在太多了威威想邀請你幫忙將材料由上到下按照成品的次序寫出來，美味的漢堡就完成囉！

4 6 3 ＿＿

4 ＿＿＿＿＿ 5

＿＿ 3 ＿＿＿ 5

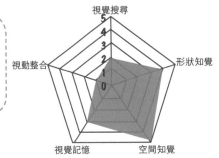

視覺空間雷達圖分析

本單元主要練習視覺空間關係能力 (spatial relations)，需要孩子判斷上與下的垂直空間先後次序，同時也需要簡單的形狀區辨與記憶以完成次序的填寫。

5

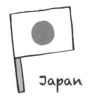
第三站：日本迴轉壽司

小朋友，廚師威威來到日本想得到最新鮮美味的壽司，請按照右頁箭頭的提示在左頁找到威威需要的壽司，並將數字填進右頁的盤子上！

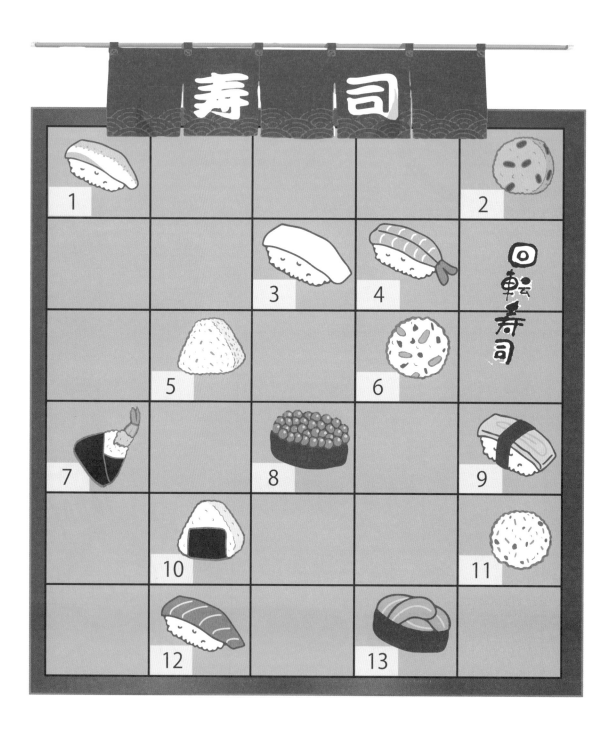

視覺空間雷達圖分析

本單元主要練習視覺空間關係能力，需要孩子判斷行進方向，同時也需要序列記憶以記住方向次序，並於表格中提取運用以找出目標。

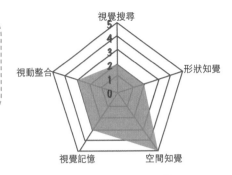

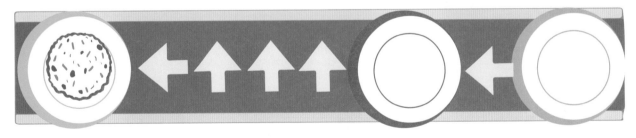

第四站：瑞士巧克力

小朋友，廚師威威來到瑞士，想將各式各樣的巧克力分類裝進盒子，請你幫忙將左頁經由旋轉後擺放位置相同的巧克力盒子連起來，並且將右頁的巧克力按照最下面的 4 組樣品，用指定顏色圈出來喲！

題目一

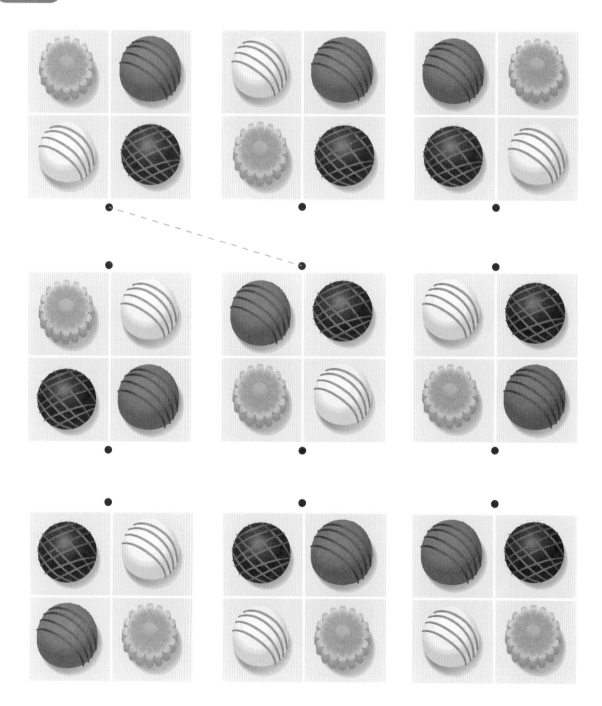

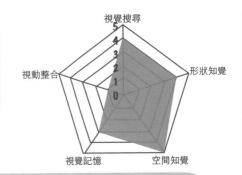

本單元主要練習視覺空間關係能力 (spatial relations)，需要孩子辨別物件彼此的相對位置，並且在旋轉及其他物件干擾下，找出一樣的組合。

題目二

第五站：端午粽香趣

小朋友，廚師威威來到臺灣拜訪傳統粽子店老闆，卻發現老闆不小心把所有口味的粽子通通混在一起了，聰明的你能夠幫忙找出來並且確認數量並填寫在右頁的表格中嗎？

●引導策略：以下所有粽子都是由右頁表格中五個造型的粽子旋轉而來，每個口味的粽子都僅有細微的不同，建議可以先引導孩子觀察，一起討論差異性後再開始搜尋，以降低孩子的挫折感，同時能夠培養孩子對細節覺察的注意力。同時，盡量鼓勵孩子不要以旋轉書本的方式執行此單元，才能真正看到孩子在空間知覺的能力唷！

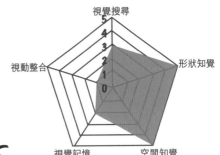

豬肉口味	鹹蛋黃口味	櫻花蝦口味	海鮮口味	蔬菜口味
個	個	個	個	個

視覺記憶

藉由遊戲來練習眼睛接收到的訊息與長短期記憶間的相關性

什麼是視覺記憶？

視覺記憶是一種在學校及日常生活中非常重要的能力。是一種立刻記住眼睛所看到的東西或物品，可將現在看到的事物和以前的視覺經驗做比較，並加以分類、整合，再儲存於腦內，且包含了短期和長期的視覺記憶。就像是可以依照特徵去記得物品、文字、符號等，並在需要時，再從大腦中提取出來使用，對於學齡前孩子，學習形狀或認識動物時記得其特徵，並在下次看到類似或一樣特徵的物品時能知道是什麼；對學齡孩子來說，記得老師在黑板上寫的東西並抄寫下來、能不得記得新學的國字筆畫順序等，都是視覺記憶能力的表現。

遊戲方法以及難度分級

本單元中，藉由不同的動物來提升孩子執行遊戲的興趣。若尚未學會辨認或寫數字，家長可以利用孩子會的形狀或顏色來替代。

因本單元為視覺記憶的訓練，因此可視孩子的記憶能力來調整記憶的組數，需要記憶的組數越少越簡單，反之則越困難，例如：「小烏龜不見了」單元中，若較小的孩子只須先記得一組組合便可以開始尋找。而較大的孩子或記憶力較好的孩子，則可以記得 1 ～ 2 組順序後，才開始進行活動。

適合 3 ～ 4 歲的孩子　

4 歲以上的孩子在理解規則後可以獨立完成。

適合 5 ～ 6 歲的孩子　

5 歲以上的孩子在理解規則後可以獨立完成。
5 歲以下的孩子可能需要些微的幫助或是將活動分次完成。

適合 7 歲以上的孩子

7 歲以下的孩子可能需要些微的幫助或是將活動分次完成，中班以下的孩子可能需要較多的引導。

動物園郊遊囉！

今天天氣真好，太陽公公都出來囉！

小朋友，一起去看看動物園裡有什麼可愛的小動物們在等我們吧！！

出發！！

準備出發囉！ 🖍️🖍️

哇！往遊樂園的方向有好多不一樣顏色的車子唷！小朋友，請對照左頁的順序，幫右邊的紅綠燈和車子塗上對的顏色唷！

💡 引導策略
玩法1（難）：記好一組紅綠燈/車輛的顏色順序後，再一起完成相對應塗鴉
玩法2（簡單）：記好一台車的顏色後，先畫一台，再記下一台顏色，再畫一台

視覺記憶雷達圖分析

在本單元中需要去記住車子及紅綠燈的顏色後，再進行塗鴉，因此除了認識顏色外，也會使用視覺動作整合（塗鴉）和視覺記憶能力（記住車子或紅綠燈的顏色，當記的東西越多，挑戰就越大）。

題目區

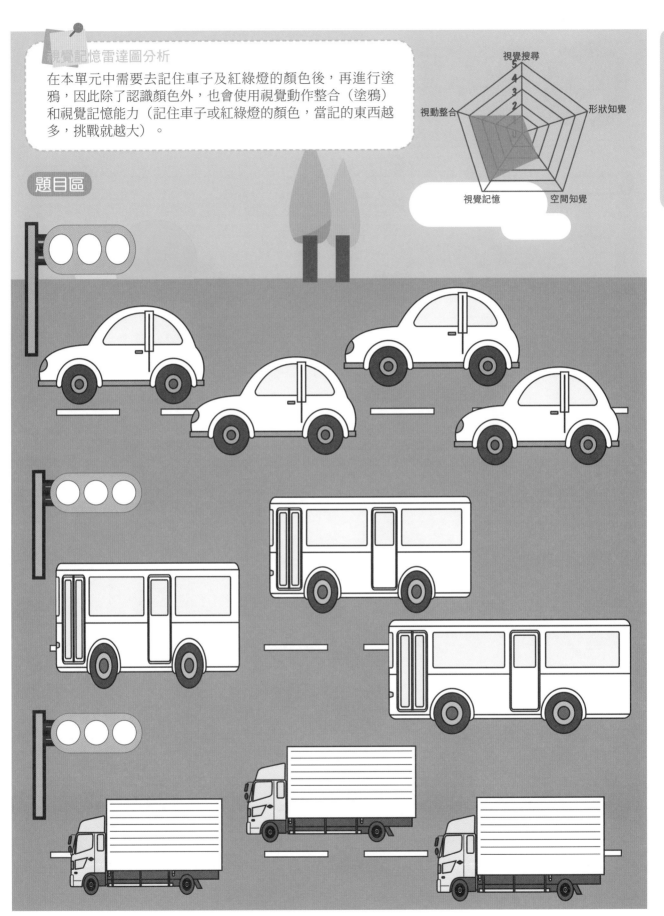

獅子大王去洗澡！ 🖍🖍

今天的天氣太好啦！獅子跑來跑去流了好多汗呀！
小朋友，請幫獅子找到跟牠一樣顏色的專屬澡盆，並填上數字，一起去洗澡吧！

題目區

💡 引導策略（若孩子尚不會寫數字，可以在框中塗上相對應顏色）
建議在過程中讓孩子照著順序，且一次記一隻獅子的顏色。
若孩子程度較好，就可以一次記多隻獅子的顏色及相對應之
代號。

視覺記憶雷達圖分析

本單元著重於視覺記憶的能力，且同時可以練習對於數字及顏色的辨別。

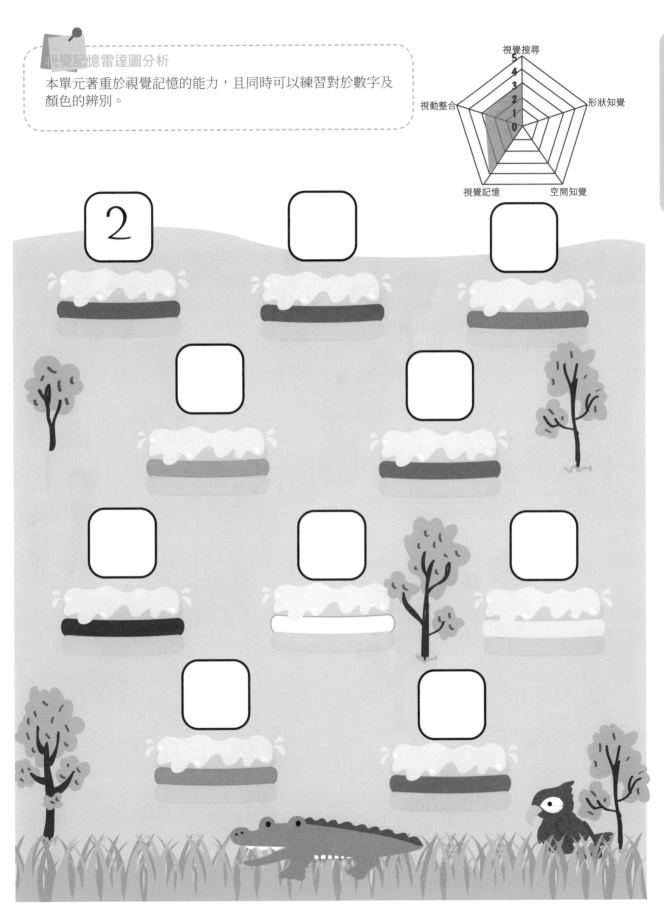

動物寶寶迷路了！

動物園裡的長頸鹿寶寶太多啦，長頸鹿媽媽找不到牠的寶寶在哪裡。
小朋友，請你幫幫忙，記得每隻長頸鹿媽媽頭上的「短角顏色」和「身上不同的花紋及顏色」，就能幫忙找到長頸鹿寶寶啦！！

題目區

引導策略
建議在過程中讓孩子一次只記一隻長頸鹿的特徵，
例如：咖啡色短角，六邊形桃紅色斑點。記好後再
到右頁找特徵相同的長頸鹿並且圈選出來。

視覺記憶雷達圖分析

本單元需要較多的視覺記憶能力，同時也須有視覺搜尋能力
及對不同形狀的區辨能力。

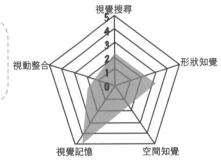

小海龜不見了！

烏龜媽媽帶著小烏龜去游泳，結果和小烏龜們走散了！
我們一起來幫烏龜媽媽找到牠的烏龜寶寶吧！！
若看到烏龜媽媽後面跟著的是牠的烏龜寶寶，就把牠們圈起來唷！

引導策略
年紀較小的孩子，一次只記一組烏龜媽媽和寶寶的顏色，記好了再分別找出來即可，較大的孩子則一次可以記較多組。
建議孩子記好後，把上方的正確答案遮起來唷！

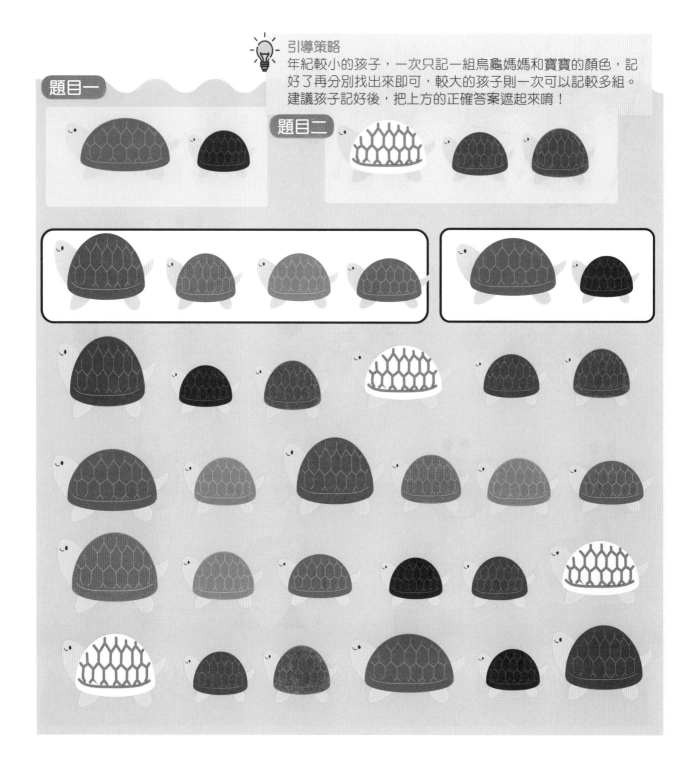

題目一

題目二

114

視覺記憶雷達圖分析

在本單元中需要孩子將每組數量不一的顏色記起來，再進行視覺搜尋和視覺順序的配對。同時也需要孩子依照烏龜的大小去辨識此烏龜是媽媽或是寶寶，才能較順利的完成此單元。

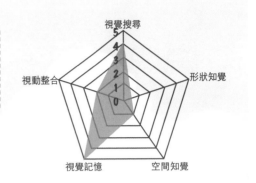

題目三

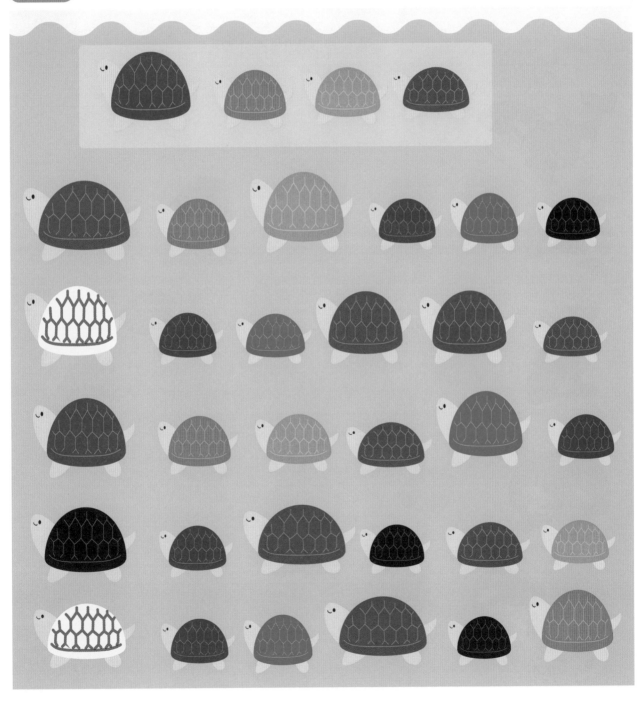

鯨魚吃飯囉！

動物園管理員想知道鯨魚們有沒有吃飽，小朋友請幫幫忙，
依照鯨魚游泳的路線，記得每隻鯨魚依序吃了幾種不同顏色的魚。幫管理員在右
頁的框框內圈出答案來！

題目區

引導策略
建議在過程中先讓孩子記好每隻鯨魚吃到的小魚顏色，記好
後再到右頁後面框框圈出答案。

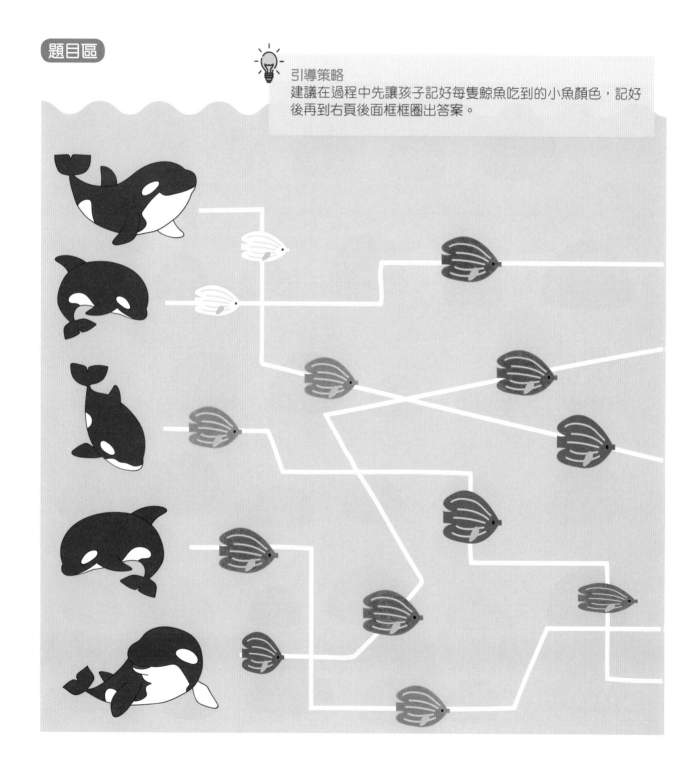

視覺記憶雷達圖分析

本單元中需要較進階的視覺記憶能力、視覺動作能力的整合。另外視覺注意力也在本篇中是必備能力之一，否則容易在過程中搞混路線及顏色。

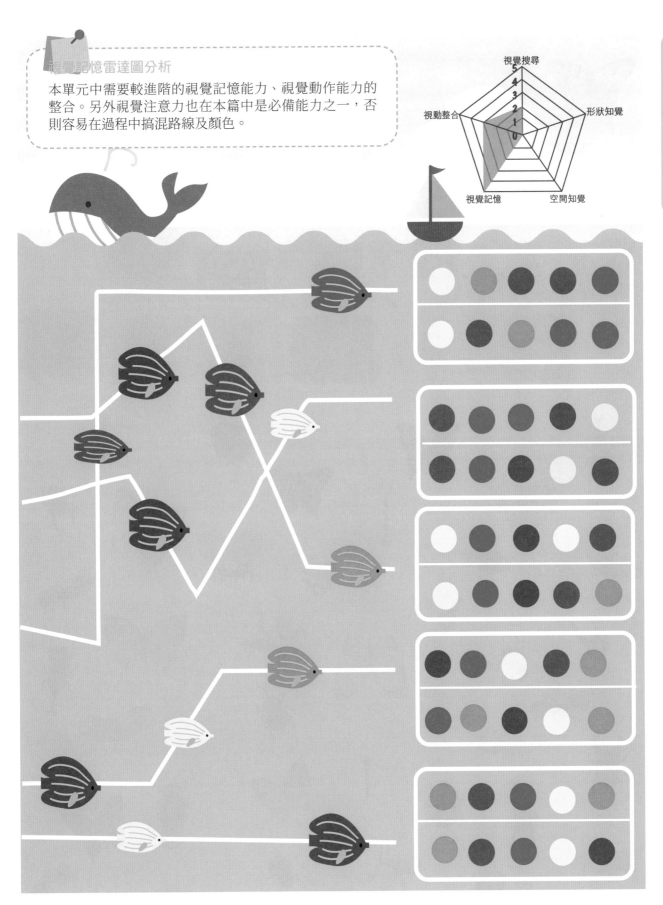

彩色昆蟲館！

原來在在大自然中有那麼多漂亮又繽紛的昆蟲！！
小朋友，請你好好觀察每隻昆蟲的特徵並記好與上方題目區的底色，將下方的昆蟲都塗上與題目區相對應的底色唷。

引導策略
建議在過程中讓孩子記得 2 ～ 3 組的昆蟲底色後，再開始將下方的昆蟲塗上相對應底色。若能力不錯，則可增加組數。

題目區

本單元需要較多的視覺記憶能力，同時也須有視覺搜尋能力及對不同昆蟲的區辨能力（包含大小、形狀、方向等）。

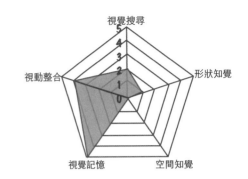

視覺動作整合

藉由遊戲來增進視覺及身體動作的協調能力

什麼是視覺動作整合？

　　視覺動作整合能力，顧名思義就是視知覺和動作一起執行時的協調能力。孩子可能視力正常，動作機能也正常，但卻因為視覺和動作之間沒有良好的統整合一，造成所表現出來的行為不協調、無法依照環境做適當的調整、無法跟著指令有效率的配合。此能力對於日常生活和學習上都是很重要的角色，例如：用湯匙挖飯進嘴巴、丟接球、畫圖、書寫、拼拼圖、剪紙等。視覺動作整合能力的發展，在孩子最初發展粗大動作技巧時就已經開始了，而這也是學習精細動作技巧中的視覺動作整合能力發展的基礎。

遊戲方法以及難度分級

　　一定要用手指和眼睛一起合作進行活動（手指到哪個位置，眼睛就要跟到相同位置）。另外，在塗鴉部分，也要提醒孩子盡量不要塗出框線外。

　　進行本單元活動時，需準備多種顏色的彩色筆或蠟筆，對於較小的孩子建議給筆管較粗的筆，在握筆姿勢上會有較好的動作表現。若尚未學會辨認或寫數字，則可利用孩子會的形狀或顏色來替代，也可用各種顏色的圓點貼紙，準確貼於答案框中就是視動整合的練習唷。

適合 3 ～ 4 歲的孩子

3 歲以上的孩子在理解規則後可以獨立完成。

適合 5 ～ 6 歲的孩子

5 歲以上的孩子在理解規則後可以獨立完成。
5 歲以下的孩子可能需要些微的幫助或是將活動分次完成。

適合 7 歲以上的孩子

7 歲以下的孩子可能需要些微的幫助或是將活動分次完成，中班以下的孩子可能需要較多的引導。

遊樂園玩耍去囉！

今天天氣真好，太陽公公都出來囉！

　　小朋友，我們帶著爸爸媽媽一起到遊樂園裡探險吧！看看裡面有哪些好玩的遊戲及可愛的小動物們唷！！

Let＇s Go!!

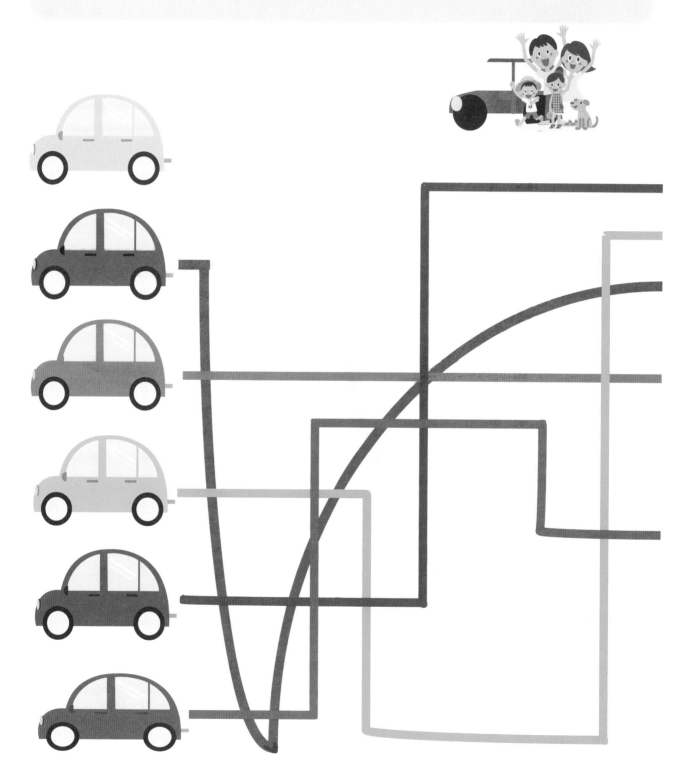

視覺動作整合雷達圖分析

本單元可以讓孩子利用手指著路，眼睛跟著手的位置前進，來找到相對應的停車格，同時也需要一定的視覺專注力才能完成遊戲，也可以用家裡的小車車沿著路走唷！！

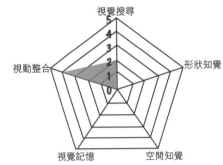

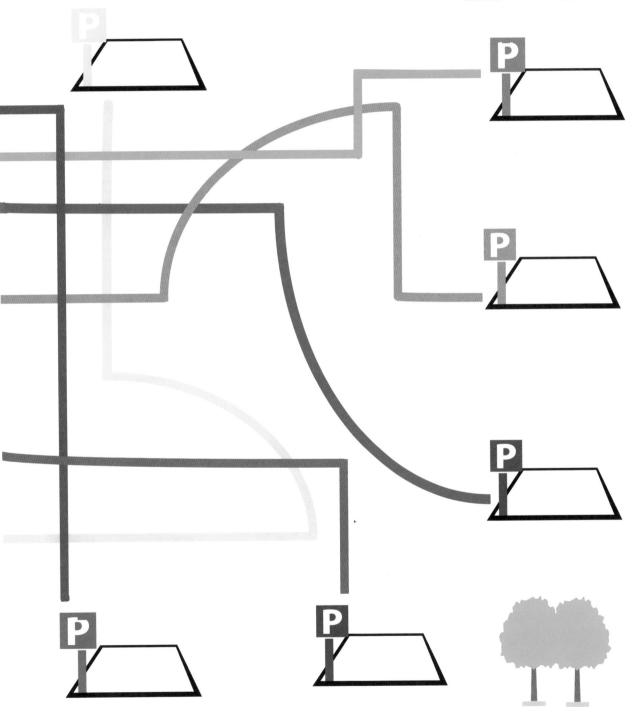

氣球升空囉！ ✎✎✎✎

每個到遊樂園的小朋友都有一個專屬的熱氣球，可以在天空中看到整個
漂亮的樂園，我們來用手指和眼睛幫忙每個小朋友找到自己專屬的氣球吧！
請在氣球旁邊寫上寫小朋友的號碼（或塗上所屬路徑的圓點顏色）唷！

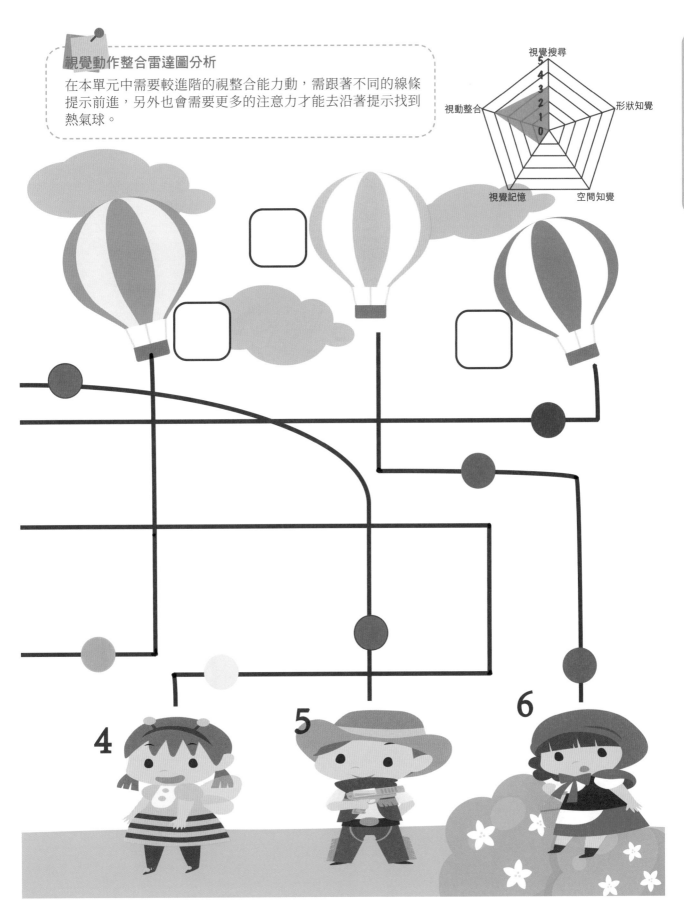

視覺搜尋
形狀知覺
空間知覺
視覺記憶
視動整合

4

5

6

雲霄飛車！

哇！！超快速又刺激的雲霄飛車來囉！請幫每個小朋友找到他的位置，
並在相對應的座位塗上對的顏色，這樣才找得到正確的位置唷！

視覺動作整合雷達圖分析

在本單元中需要視覺動作整合及手部精細動作操作能力，藉由搜尋到相同數字，並在框內畫上相對應之顏色。小心塗鴉，不要塗出框外唷！

摩天輪塗顏色！

遊樂園裡有好多摩天輪呀，可是怎麼有一些摩天輪沒有顏色呢？
小朋友請你幫幫忙，把摩天輪塗上漂亮的顏色吧！

題目一

💡 引導策略
建議先引導孩子找出與白色摩天輪相對應的摩天輪，再上色。3～5歲的
孩子可以容許塗鴉範圍超出框外。

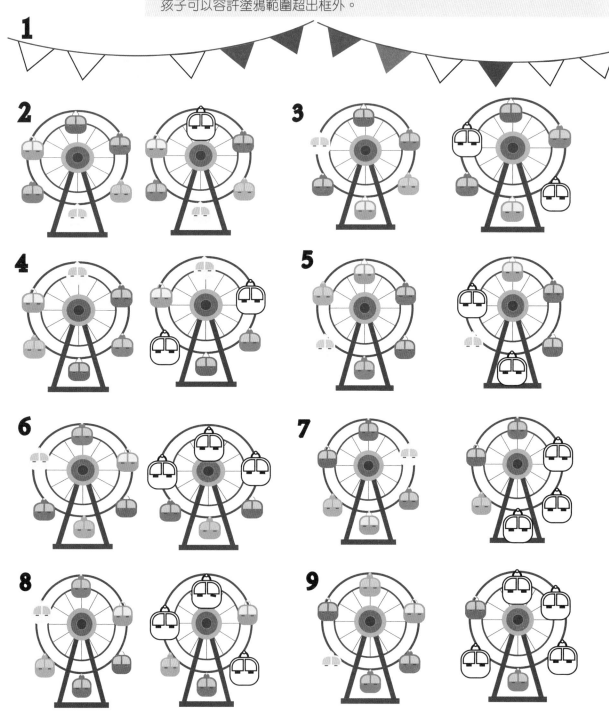

視覺動作整合雷達圖分析

在本單元中，需要找到與空白物件相對的物件位置並記得其顏色，且需著色的範圍變小形狀也不同，因此難度較高。

題目二

綜合挑戰

統整前面單元，
視知覺整合練習

遊戲方法以及難度分級

　　在接下來的綜合挑戰中，每一項的活動都會結合不同的視知覺能力以及技巧，孩子在活動的過程中需要自己努力的去想辦法，可能會花比之前還要多的時間。家長在綜合挑戰的單元中可以減少引導以及提示的次數，讓孩子可以花更多時間自己去試試看，主動自發的想辦法才可以真正的達到整合的目的。

　　若孩子在活動中感到較為困難時，我們可以試試以下幾個辦法：

❶ 拆解活動：不用一次把一個回合寫完，每個活動可以分次完成，重點是讓孩子可以在過程中去想辦法。

❷ 想想之前怎麼辦？家長可以提示孩子在前面的單元中有練習過什麼技巧，是不是很像呢？讓孩子去應用看看前面單元的技巧。

❸ 背景簡單化：可以把還沒寫到的部分用一張白紙遮起來，縮小活動範圍，讓干擾孩子的因素降低。

適合 3 ～ 4 歲的孩子

4 歲以上的孩子在理解規則後可以獨立完成。

適合 5 ～ 6 歲的孩子

5 歲以上的孩子在理解規則後可以獨立完成。
5 歲以下的孩子可能需要些微的幫助或是將活動分次完成。

適合 7 歲以上的孩子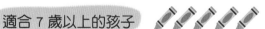

7 歲以下的孩子可能需要些微的幫助或是將活動分次完成，中班以下的孩子可能需要較多的引導。

傑克與魔豆

　　傑克與媽媽相依為命，家裡唯一的經濟來源是一頭陪伴他們很久的乳牛，有一天這隻牛再也擠不出牛奶，媽媽只好叫傑克把牛牽去市集賣掉。傑克在市集走啊走，遇到一個神秘的老爺爺，老爺爺跟傑克說：「小朋友，我這裡有一袋神奇的豆子，我拿這些跟你換牛好嗎？」傑克想了想就點頭答應了。回到家媽媽看到豆子十分生氣，一頭乳牛怎麼只換到這麼一點豆子！一氣之下把全部的豆子丟到窗外。

　　隔天早上神奇的事情發生了，這些小小的豆子長成巨大的豆莖，高聳入天看不到盡頭，聽說天上有著豪華的城堡，又聽說天上住著可怕的巨人，傑克實在太好奇決定要上去看一看！讓我們跟著傑克一起去探險吧！

老人送的魔豆 ✏️

傑克帶牛去市場的路上，遇到一位奇怪的老人，老人告訴傑克，他有神奇的魔豆，只要種在土裡，就能獲得金銀財寶唷！所以傑克決定用牛跟老人交換豆子，可是老人把一堆豆子混在一起了，我們一起來幫老人找出豆子吧！

綜合挑戰雷達圖分析

在本單元主要是訓練在繁雜背景中找到目標的能力，查找的過程中除了搜尋能力外，也需要有辨識能力、視覺記憶力和專注力持續度。困難版本的豆子數量較多，可以請小朋友先記住要找的豆子樣子，把題目遮起來，看小朋友能不能找到記住的目標！

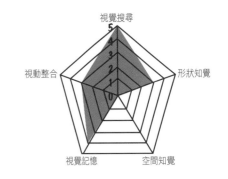

小心翼翼往上爬 ✏️

好奇的傑克決定爬上豆莖一探究竟，但不是每一片葉子都是堅固的，請小朋友仔細觀察每一題傑克手上拿的葉子形狀以及花紋，由下往上找出一樣的葉子圈起來，最後連起來提示傑克安全的路線該怎麼走。

綜合挑戰雷達圖分析

在本單元主要為整合視覺搜尋以及形狀知覺的能力，練習時需要發展出自己的搜尋策略，若以雜亂無章的搜尋方式則容易漏掉，另外在形狀區辨上也需要有較多的耐心觀察題目與其他葉子的不同之處，可以試試看讓小朋友描述題目的特徵呦！

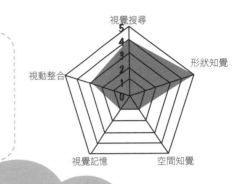

噓！不要吵醒巨人！

會唱歌的豎琴發現傑克跑進來，正要發出警報聲吵醒巨人，為了不讓巨人發現傑克只好代替豎琴演奏。簡單版本（左邊）請用綠色依照上方題目把傑克需要負責演奏的部分（喇叭－鼓－鼓）在樂譜中圈起來，記得符號跟順序都要一樣呦！再用紅色把女生需要演奏的部分圈起來，請由左至右由上到下一排一排查找。困難版本（右邊）則需要用到三種顏色，分別把傑克、女生、母雞負責的部分圈起來。

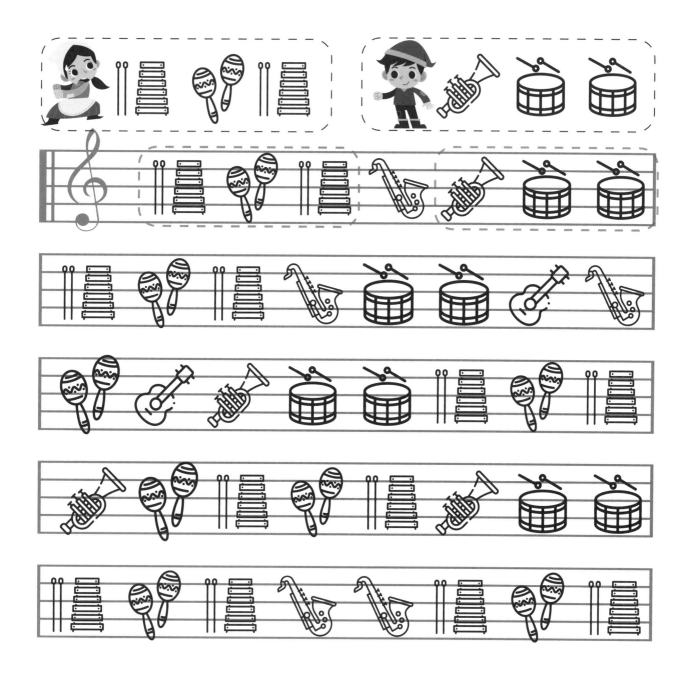

綜合挑戰雷達圖分析

在本單元中主要是訓練查找、順序的能力，查找的過程中除了搜尋能力外，也需要較高的視覺記憶能力以及注意力持續度，也需要小朋友動動腦如何才能讓自己在過程中不會忘記目前要查找的圖形等等。困難版本的符號因為不是常命名或是說得出來的物品，可以請小朋友依照特徵幫符號取名字再執行會比較簡單呦！

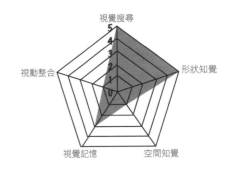

找找金蛋 ✏✏✏✏

小朋友，傑克想帶會下金蛋的鵝離開天上王國，結果不小心把金蛋撒了一地。請你幫幫傑克把路線上的金蛋找回來，並將金蛋的編號按照順序填在下一頁的橫線上。（注意：沒有在路線上的金蛋不能填寫唷！）

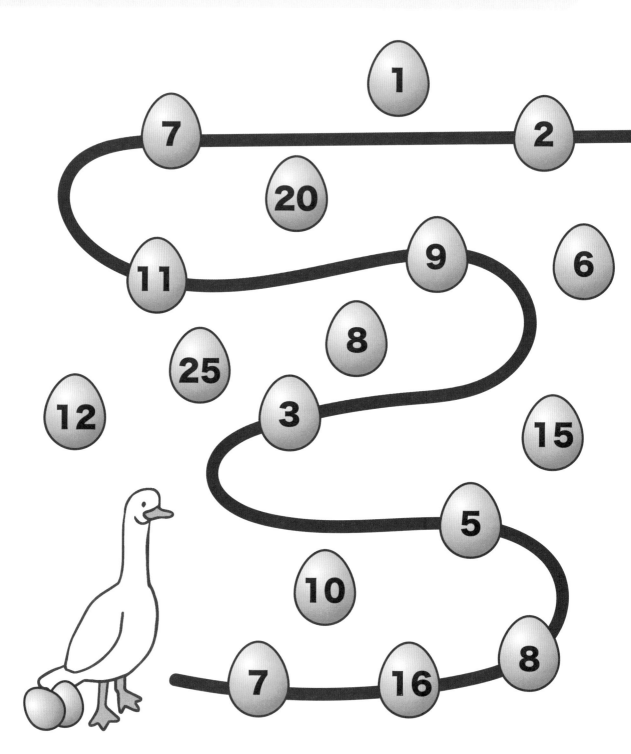

綜合挑戰雷達圖分析

本單元主要練習視覺搜尋與視覺記憶能力，孩子需要按照路線進行穩定的視覺追蹤，並將金蛋上的數字記憶下來以抄寫在指定橫欄上。

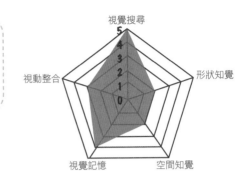

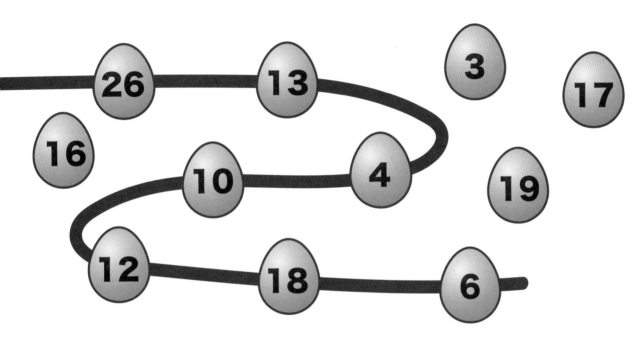

_____

_____

_____

陳姿羽兒童職能治療師 設計教案

豆莖迷蹤 ✏✏✏✏✏

小朋友，趁著巨人沉沉睡去，傑克想從天上王國順著豆莖逃跑，可是豆莖又多又複雜，你能幫幫傑克走出豆莖迷宮嗎？請選擇一條豆莖從左向右出發，只要遇到橫跨兩條豆莖的葉子橋，就必須向上或向下轉彎，尋找看看哪一條才能走到指定箭頭出口？在入口方格打勾做上記號吧！

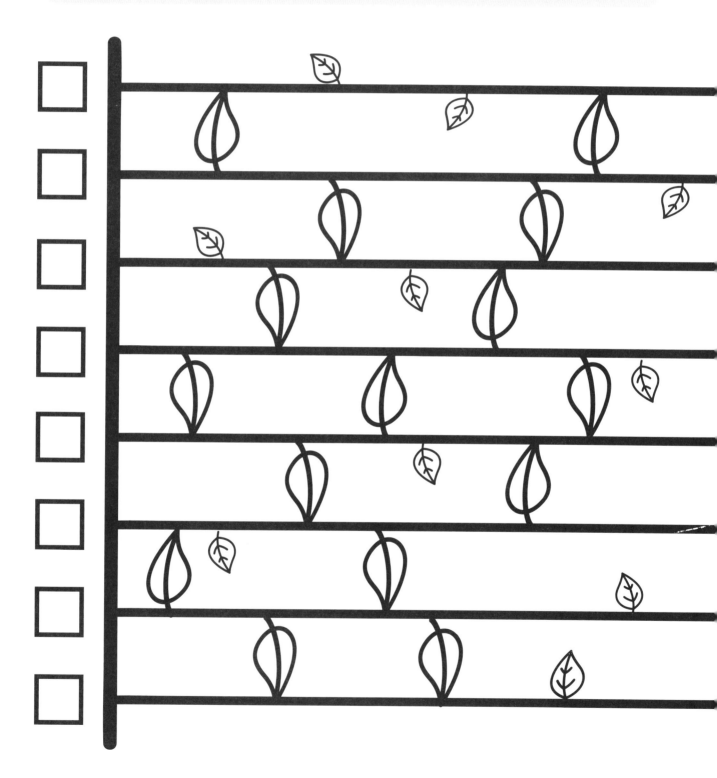

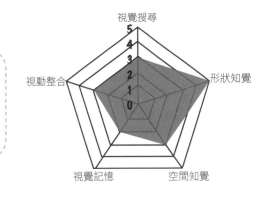

綜合挑戰雷達圖分析

本單元主要練習視覺注意力與視覺區辨能力，孩子需要區辨葉子形狀、是否橫跨豆莖，同時需要注意迷宮中轉彎的地方、不能遺漏，才能成功找到正確的豆莖路線。

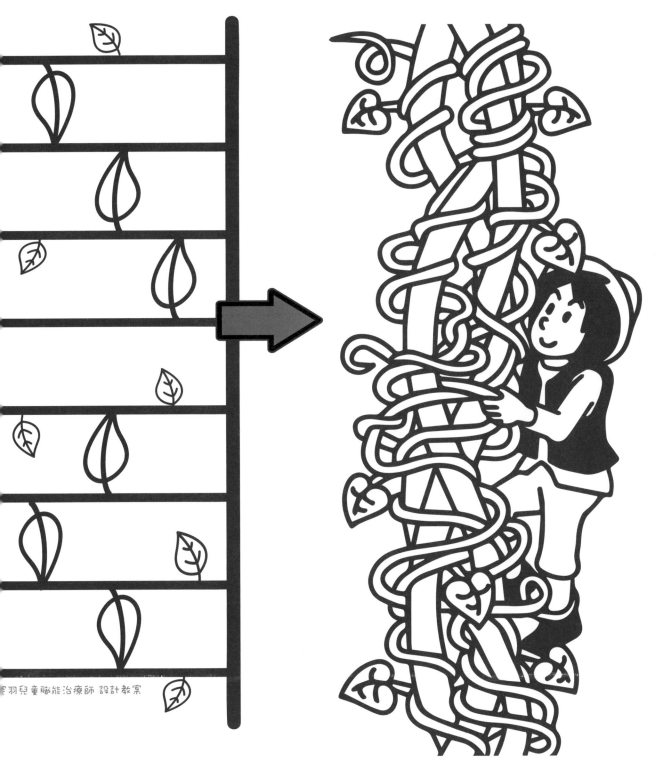

墨羽兒童職能治療師 設計教案

巨人追來了 ✎✎✎

巨人發現傑克拿走了他的豎琴、會下金蛋的母雞和金幣，好生氣呀！！巨人想要追到傑克，把東西拿回來！！小朋友請幫忙傑克安全的樹上的路走下來，要小心唷，沒有走在路上就會掉下來唷！！

綜合挑戰雷達圖分析

在本單元中主要是訓練手眼協調能力及運筆能力，走迷宮的過程中除了要注意看路徑外，也需要有注意力持續度、手腕穩定度、手部精細動作協調所產生的運筆技巧。

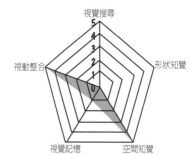

綜合挑戰1解答篇 仙杜瑞拉

第一站：小老鼠搜索隊

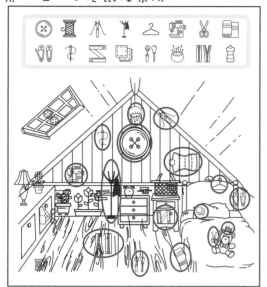

第二站：禮服裁縫師

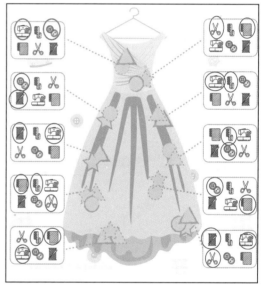

第三站：神仙教母的咒語

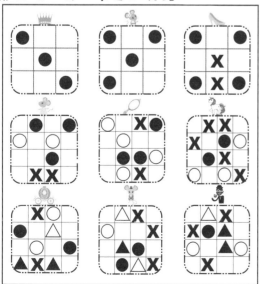

第四站：森林迷航

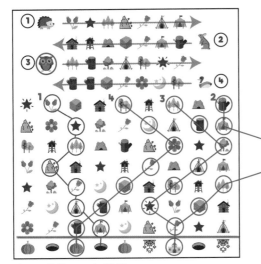
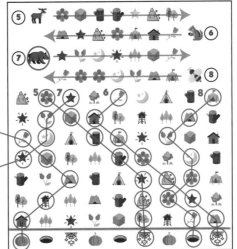

第五站：遺失的玻璃鞋

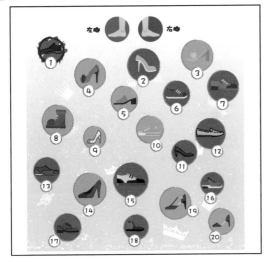
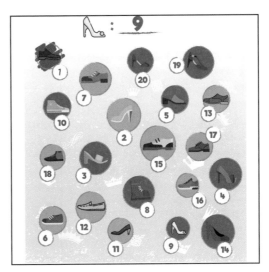

綜合挑戰2解答篇 農莊大亨

第一站：動物捉迷藏

第二站：電話打不停

通訊錄

1 ☎ 780-3877
2 ☎ 7980-5612
3 ☎ 780-3387
4 ☎ 648-1238
5 ☎ 830-7153
6 ☎ 488-1053
7 ☎ 0920-521-542
8 ☎ 992-5152
9 ☎ 3698-7475
10 ☎ 0910-305-936
11 ☎ 3845-6972
12 ☎ 0800-565-998
13 ☎ 880-8995
14 ☎ 2351-4625
15 ☎ 0800-235-789

第三站：誰吃了點心？

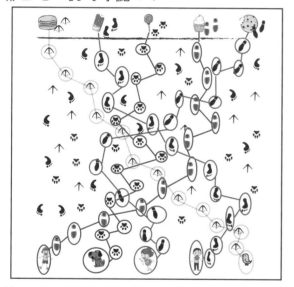

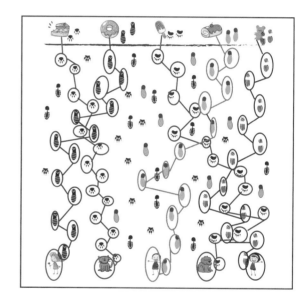

第四站：蘋果成熟季

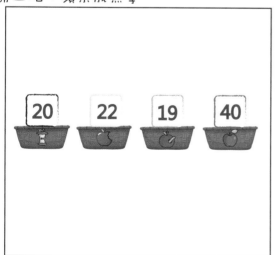

綜合挑戰3解答篇 愛麗絲的下午茶派對

第一站：準備點心囉！

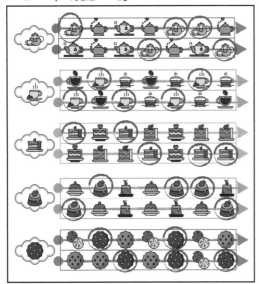

第一站：準備點心囉！

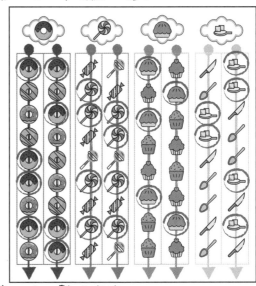

第二站：拼圖歷險

第四站：幫忙指路

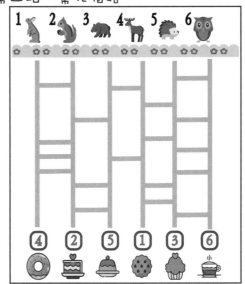

第四站：幫忙指路

第五站：英式下午茶

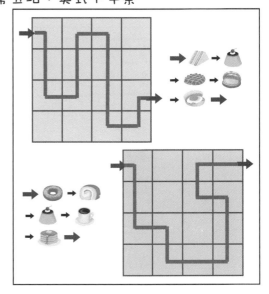

視覺搜尋解答篇 披薩王選拔

第一站：採買食材

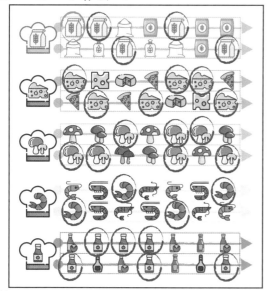

第一站：採買食材

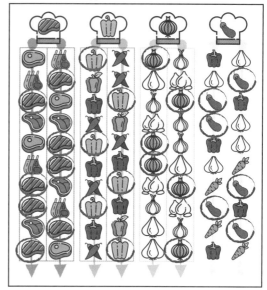

第二站：大排長龍

第二站：大排長龍

第三站：點餐囉！

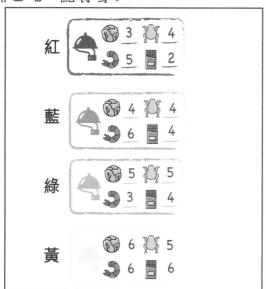

第四站：一起做pizza

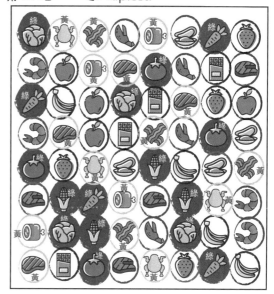

第五站：外送餐車GO！

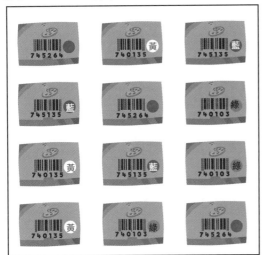

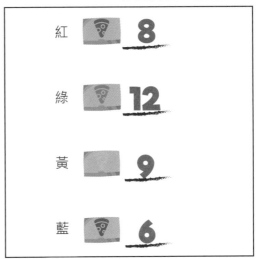

第六站：披薩出爐囉！

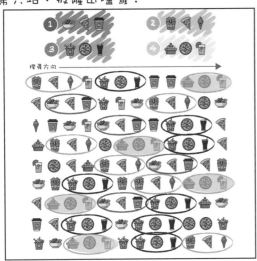

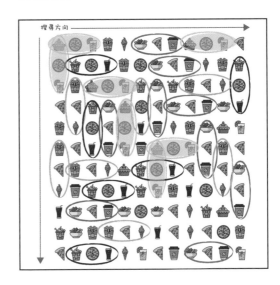

視覺區辨解答篇 女孩珊珊環遊世界

第一站：俄羅斯娃娃

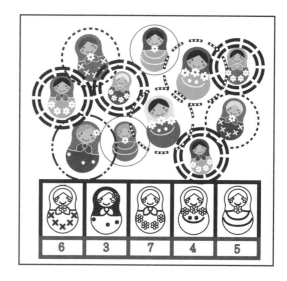

第二站：澳洲動物趣

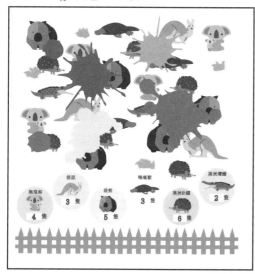

第三站：芬蘭聖誕老人村

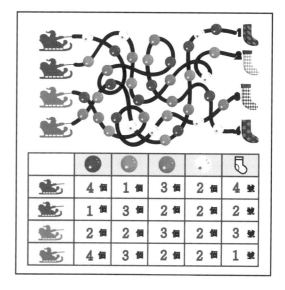

第四站：冰島賞雪趣

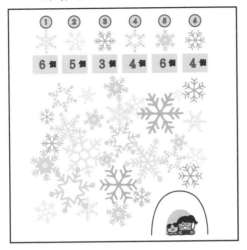

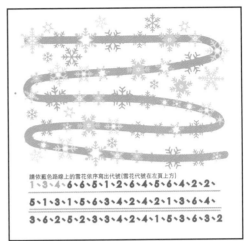

請依藍色路線上的雪花依序寫出代號(雪花代號在左頁上方)
1、3、4、6、6、5、1、2、6、4、5、6、4、2、2、
5、1、3、1、5、6、3、4、2、4、2、1、3、6、4、
3、6、2、5、2、3、3、4、2、4、1、5、3、6、3、2

第五站：德國市集拼圖趣

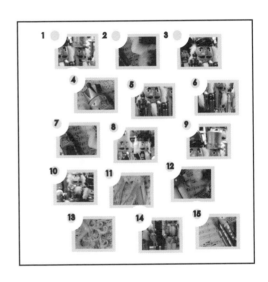

第六站：英國博物館鑑定家

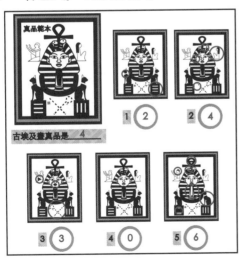

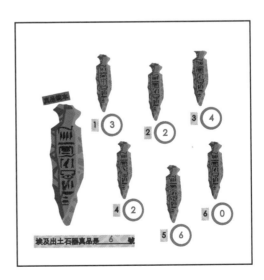

視覺空間解答篇 _{廚師威威環遊世界}

第一站：義大利披薩

第二站：美國漢堡

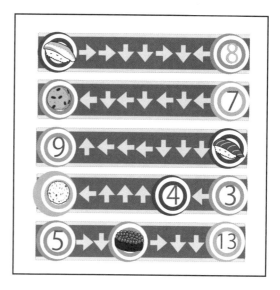

第三站：日本迴轉壽司

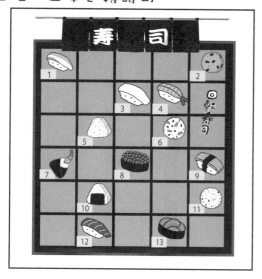

第四站：瑞士巧克力

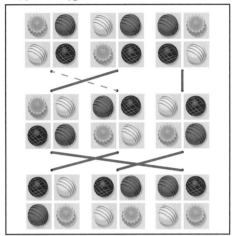

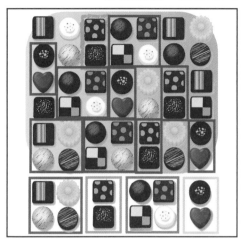

第五站：端午粽香趣

範例：豬肉口味在粽子
中間著上紅色

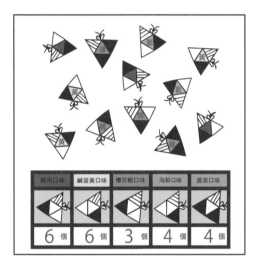

豬肉口味	鹹蛋黃口味	櫻花蝦口味	海鮮口味	蔬菜口味
6 個	6 個	3 個	4 個	4 個

獅子大王去洗澡

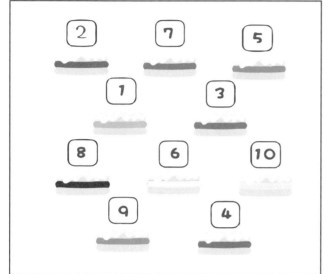

動物寶寶迷路了　　彩色解答

小海龜不見了

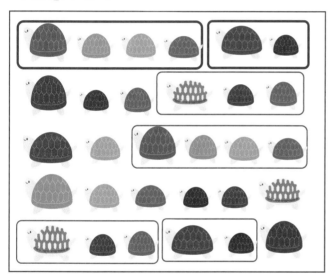

鯨魚吃飯了

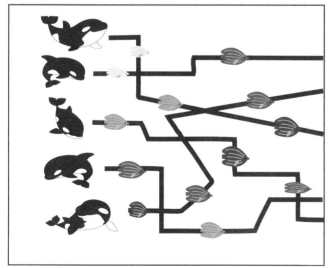

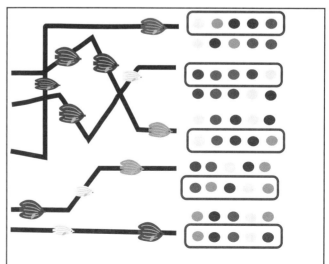

準備出發了！

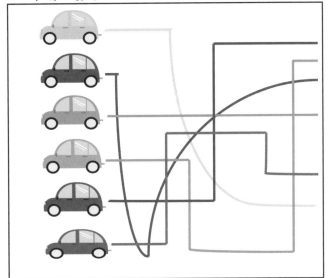

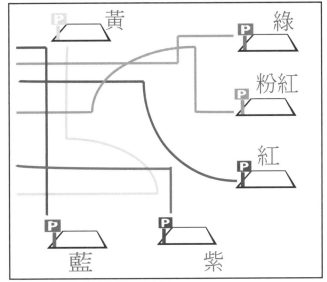

氣球升空了

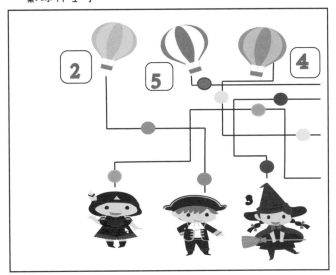

雲霄飛車

綜合挑戰解答篇　傑克與魔豆

老人送的魔豆

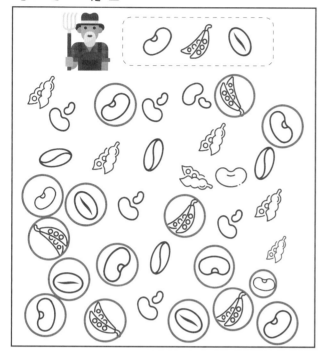

老人送的魔豆

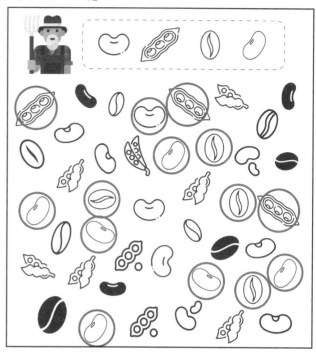

小心翼翼往上爬

小心翼翼往上爬

噓！不要吵醒巨人！

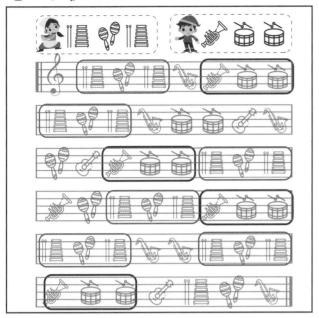

噓！不要吵醒巨人！

找找金蛋

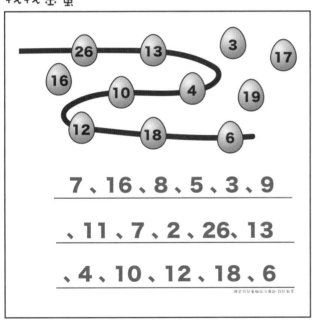

7、16、8、5、3、9

、11、7、2、26、13

、4、10、12、18、6

豆莖迷蹤

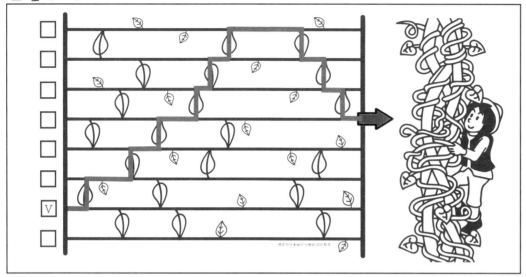

巨人追來了

巨人追來了

國家圖書館出版品預行編目 (CIP) 資料

視知覺專注力遊戲暢銷增訂版 : 57 個不插電紙上遊戲，讓孩子更專心、更
自律、更自信／柯冠伶，陳怡潔，陳姿羽著 . — 2 版 . — 臺北市：新
手父母出版，城邦文化事業股份有限公司出版：英屬蓋曼群島商家庭傳媒
股份有限公司城邦分公司發行，2023.07
　　面；　　公分 . —（學習力 ；SG0028X）
ISBN 978-626-7008-43-0（平裝）

1.CST：幼兒教育　2.CST：學前教育　3.CST：遊戲教學　4.SHTB：心理成
長—3-6 歲幼兒讀物

　　　　523.2　112010720

視知覺專注力遊戲 暢銷增訂版

57 個不插電紙上遊戲，讓孩子更專心、更自律、更自信

作　者／ OFun 遊戲教育團隊：柯冠伶、陳怡潔、陳姿羽
選　書／林小鈴
主　編／陳雯琪

行銷經理／王維君
業務經理／羅越華
總 編 輯／林小鈴
發 行 人／何飛鵬
出　版／新手父母出版
　　　　城邦文化事業股份有限公司
　　　　台北市中山區民生東路二段 141 號 8 樓
　　　　電話：(02) 2500-7008　傳真：(02) 2502-7676
　　　　E-mail：bwp.service@cite.com.tw
發　　行／英屬蓋曼群島商家庭傳媒股份有限公司城邦分公司
　　　　台北市中山區民生東路二段 141 號 11 樓
　　　　讀者服務專線：02-2500-7718；02-2500-7719
　　　　24 小時傳真服務：02-2500-1900；02-2500-1991
　　　　讀者服務信箱 E-mail：service@readingclub.com.tw
　　　　劃撥帳號：19863813
　　　　戶名：書虫股份有限公司

香港發行所／城邦（香港）出版集團有限公司
　　　　香港灣仔駱克道 193 號東超商業中心 1F
　　　　電話：(852) 2508-6231　傳真：(852) 2578-9337
　　　　E-mail：hkcite@biznetvigator.com
馬新發行所／城邦（馬新）出版集團 Cite (M) Sdn Bhd
　　　　41, Jalan Radin Anum, Bandar Baru Sri Petaling, 57000 Kuala Lumpur,
　　　　Malaysia.
　　　　電話：(603)90563833　傳真：(603)90576622 E-mail：services@cite.my

封面設計／徐思文
版面設計、內頁排版／徐思文
製版印刷／卡樂彩色製版印刷有限公司
圖片使用來源／
1. Icon made by Freepik from www.flaticon.com (Designed by brgfx / Freepik)
2. illustAC
2019 年 09 月 05 日初版 1 刷｜ 2023 年 08 月 10 日 2 版 1 刷　　　Printed in Taiwan
定價 380 元
ISBN ｜ 978-626-7008-43-0（紙本）
ISBN ｜ 978-626-7008-46-1（EPUB）